跨文化视角下英语教学理论与方法探究

郭　敏　著

中国建材工业出版社

北　京

图书在版编目（CIP）数据

跨文化视角下英语教学理论与方法探究/郭敏著．北京：中国建材工业出版社，2024.8. --ISBN 978-7-5160-4268-7

Ⅰ．H319.3

中国国家版本馆 CIP 数据核字第 2024YN7721 号

跨文化视角下英语教学理论与方法探究
KUAWENHUA SHIJIAO XIA YINGYU JIAOXUE LILUN YU FANGFA TANJIU
郭　敏　著

出版发行：中国建材工业出版社
地　　址：北京市西城区白纸坊东街 2 号院 6 号楼
邮　　编：100054
经　　销：全国各地新华书店
印　　刷：北京印刷集团有限责任公司
开　　本：710mm×1000mm　1/16
印　　张：10.75
字　　数：141 千字
版　　次：2024 年 8 月第 1 版
印　　次：2024 年 8 月第 1 次
定　　价：**59.80 元**

本社网址：www.jccbs.com，微信公众号：zgjskjcbs

前言

在某种程度上，文化的差异决定了语言的差异。在英语教学中，如何做到语言教学同步于文化教学，进一步强化和提高学生的跨文化交际能力，帮助其习得英语语言背后的英美文化，使其能准确、得体地感知文化差异，是摆在大学英语教师面前的一项艰巨任务。

跨文化交际能力的培养彰显了大学英语所蕴含的人文性。学生通过大学英语课程的学习，实现了汉语与英语、汉语文化和英语文化的积极互动，同时加深了对二者的理解，培养了跨文化情感、态度和意识，提高了综合素质和文化素养，有利于学生养成文化交流的开放态度。大学英语跨文化交际能力教学目标的形成与发展，改变了大学英语教学单一的语言学立场，实现了向文化教学立场的转变，革新了大学英语的文化观，丰富了大学英语课程的内涵，凸显其兼有工具性和人文性双重性质的特点。

本书整体架构清晰，逻辑顺畅，条理分明，语言朴实而严谨，符合读者的阅读习惯。笔者在撰写本书的过程中，参考了很多专家与学者的研究成果，在此对他们表示衷心的感谢。随着现代教育技术的快速发展，新的教学方法与思想不断涌现，因此，书中难免会存在疏漏和不当之处，敬请读者提出宝贵意见。

目录

第一章 大学英语教学的基本理论

在我国高等教育教学中，大学英语教学有着重要的地位，并且随着人们对大学英语教学越来越重视，对大学英语教学的要求也越来越高。当前的大学英语教学不仅在于传播英语知识，还承担着培养英语实用型人才的责任。本章就对大学英语教学的理论展开研究。

第一节 大学英语教学的内涵解析

一、大学英语教学的界定

作为一项活动，教学贯穿整个人类社会的生产与发展过程。也就是说，教学在原始社会就产生了，只不过原始社会将教学与生活本身视作一回事，并不是将教学视作独立的个体存在。但是，随着社会的不断发展，教学逐渐独立出来，成为一个单独的形态，并对人们的生产生活产生了重要的影响。[①] 由于角度不同，人们对教学概念的理解也不同，因此笔者从常见的几个定义出发进行解释。

有人认为教学即教授。从汉字词源学上分析，“教”与“教学”有着不同的解释，但是在我国教育活动中，人们往往习惯从教师的角度对教学的概念进行解释，即将教学理解为“教”，因此“教学论”其实就等同于“教论”。

---

① 黎小秀著.英语学习策略——基于大学英语教学实证研究[M].郑州：河南人民出版社，2019.

有人认为教学即学生的学。有些学者从学生“学”的角度对教学进行界定,认为教学是学生基于教师的指导,对知识进行学习的过程,从而发展学生自身的技能,形成自身的品德。

有人认为教学即教师的教与学生的学。教师与学生将课程内容作为媒介,为了实现共同的目标,彼此共同参与到活动中。也就是说,教学不仅包含教,还包含学,教与学是同一过程的两个方面,彼此相辅相成、不可分割。教学的根本目的在于促进学生的进步和发展。因此,这一观点是对前面两个观点的超越。

有人认为教学即教师教学生学。对于这一观点,其主要强调的是教师指导学生“学习”,即教师“教学生学”,这一观点强调教师要教会学生学习,重视学生学习方法的传授等,让学生学会自主学习。

二、大学英语教学的属性

(一)有目的、有计划的系统性活动

说教学具有计划性、目的性,主要在于教师是为了让学生获得知识与技能,实现多层面的发挥。在教学活动中,教师需要从教学任务与教学目的出发,将课程内容作为媒介,通过各种方法、手段等引导学生进行交往与交流,促进学生的全面发展。

大学英语教学系统性主要体现在其制定者的工作中,如教育行政机构、教研部门和学校的教学管理者等的工作。大学英语教学的计划性指的是对英语基础知识的计划性教学,如大学英语语音、词汇、语法、写作、阅读等具体知识和技能的传递。

(二)教师教与学生学的统一活动

无论从哪个角度而言,人们都不能否认教学活动是“教”与“学”的过程,且二者是相互制约、相互依赖的关系。在课堂中,教师的教离不开学生的学,学生的学自然也离不开教师的教,因此二者是同一过程的两个层面。正如王策三在《教学论稿》中所说:“所谓教学,乃是教师教、学生学的

统一活动；在这一活动中，学生掌握自身需要的知识与技能，同时促进自己身心的发展。”

需要指明的是，大学英语教学并不是教与学的简单相加，而是教师知道学生学习的过程，是二者相统一、相结合的过程。要想保证教与学的统一，不能片面地强调只有教或者只有学，也不能片面地简单相加，而应该从学生自身的学习规律与身心发展特点出发，进行教与学的活动。从这一点来说，教师教学能否成功的关键是学生的学。

(三)教师与学生以课程内容作为媒介的活动

也就是说，在教师教与学生学之间，课程内容充当中介与纽带的作用。师生围绕这一纽带开展教学活动。因此，大学英语课程内容是教学活动能否开展的必要条件。

(四)以建构意义作为本质的活动

大学英语教学活动的目的在于促进学生的全面发展，实际上这一目的实现的过程就是学生不断建构知识意义的过程，即学生对原有知识与经验进行重组，对新知识的意义加以建构的过程。在实际的学习中，学生只有将新旧知识的意义结合起来，才能真正地学好知识、掌握知识。

第二节　大学英语教学的理论依据

一、语言本质理论

(一)语言结构与实际话语

美国描写主义语言学和结构主义语言学的代表人物，有博厄斯及其学生萨丕尔。他们对美洲印第安人百来种土著语言的描写，开创了描写语言学和结构语言学的先河。布龙菲尔德的《语言学》的出版，标志着结构主义语言学的诞生，并在20世纪30年代初至50年代末，成为世界上占统治地位的语言学流派。布龙菲尔德完全赞同索绪尔把语言区分为语言和言语两个方面的观点，并根据这一观点，把语言区分成语言结构和实际话语两个因素。

(1)语言结构。语言结构的特征对社团全体说话者来说都是一样的，是语音、语法范畴和词汇等组成的一个严格系统。语言系统，是一个语音、词汇、语法习惯的稳定结构，是一个语言社团可能说出的话的总和。

(2)实际话语。实际话语(即言语)的特征是语言系统未固定的方面，各方面各不相同，而且在系统的特征上都是因时因地和因具体情境无限变化的。实际上布龙菲尔德描述习惯的、稳定的和严格的语言结构系统与实际话语的区别特点，与索绪尔的语言与言语的内涵完全一致。

(二)语言与言语行为

奥斯汀的言语行为理论首次将语言研究从传统的句法研究层面分离开来。奥斯汀从语言实际情况出发，分析语言的真正意义。言语行为理论主要是为了回答语言是如何用之于“行”，而不是用之于“指”的问题，体现了“言则行”的语言观。奥斯汀首先对两类话语进行了区分：表述句(言有所述)和施为句(言有所为)。在之后的研究中，奥斯汀发现两种分类有些不成熟，还不够完善，并且缺乏可以区别两类话语的语言特征。于是，奥斯汀提出了“言语行为三分说”，即一个人在说话时，在很多情况下，会同时实施三种行为：以言指事行为、以言行事行为和以言成事行为。

1. 表述句和施为句

(1)表述句。以言指事，判断句子是真还是假，这是表述句的目的。通常，表述句是用于陈述、报道或者描述某个事件或者事物的。

换句话说，不论它们所表达的意思是真还是假，它们所表达的命题均存在。但是，在特定语境中，表述句可能被认为是“隐性施为句”。

(2)施为句。以言行事是施为句的目的。判断句子的真假并不是施为句表达的重点。施为句可以分为显性施为句和隐性施为句。其中，显性施为句指含有施为动词的语句，而隐性施为句则指不含有施为动词的语句。

总结来说，施为句主要有如下几个特点。

①主语是发话者。

②谓语用一般现在时第一人称单数。

③说话过程包含非言语行为的实施。

④句子为肯定句式。

隐性施为句的上述特征并不明显，但能通过添加显性特征内容进行验证。例如：

学院成立庆典现在正式开始！

通过添加显性施为动词，可以转换成显性施为句：

(我)(宣布)学院成立庆典现在正式开始！

通常，显性施为句与隐性施为句所实施的行为与效果是相同的。

2. 言语行为三分法

奥斯汀对于表述句与施为句区分的不严格以及其个人兴趣的扩展，很难坚持“施事话语”和“表述话语”之间的严格区分，于是提出了言语行为的三分说：以言指事行为；以言行事行为和以言成事行为。指“话语”这一行为本身即以言指事行为；指“话语”时实际实施的行为即以言行事行为；指“话语”所产生的后果或者取得的效果即以言成事行为。换句话说，发话者通过言语的表达，流露出真实的交际意图，一旦其真实意图被领会，就可能带来某种变化或者效果、影响等。

言语行为的特点是发话者通过说某句话或多句话，执行某个或多个行为，如陈述、道歉、命令、建议、提问和祝贺等行为。并且，这些行为的实现还可能给听者带来一些后果。因此，奥斯汀指出，发话者在说任何一句话的同时应完成三种行为：以言指事行为、以言行事行为和以言成事行为。例如：我保证星期六带你去博物馆。发话者发出“我保证星期六带你去博物馆”这一语音行为本身就是以言指事行为。以言指事本身并不构成言语交际，而是在实施以言指事行为的同时，包含了以言行事行为，即许下了一个诺言“保证”，甚至是以言成事行为，因为听话者相信发话者会兑现诺言，促使话语交际活动的成功。

在奥斯汀之前的实证哲学家都认为，句子只能用于对某种情况、某种事实加以描述与陈述，因此认为其只适用于正确或错误的价值，但是言语行为理论明确指出话语在现实中有着行事的能力，其不仅强调发话者的主体作用，也强调听话者的反应，因此其在英语教学中有着重要的意义。

对于教师来说，言语行为理论的核心在于以言行事或以言成事，即强调语言需要在具体的实践中得以应用才更有意义，语言研究也应该侧重于具体的运用，而不仅仅是对词汇、语法等的研究。[①] 这一理论对于大学英语教学而言是非常重要的，也给予了教师一定的启示，即在大学英语教学中，可以将言语行为理论融入其中，转变教师的角色，使他们从主导者转向参与者与组织者，让学生能够积极地参与到学习之中。同时，言语行为理论也要求教师在讲课中应该保证体裁与题材的广泛性，内容要与时代要求相符，并融入跨文化交际的知识与内容，这样才能让学生在语言知识与文化知识上得到全方位的进步与发展。

对于学生来说，言语行为理论对于他们的二语学习非常重要，因为英语这门语言实践性很强，而大学英语教学主要是为了培养他们的能力，也是立足实践的，因此英语这门语言可能与他们的需求不谋而合。以言语行为理论作为指导，学生可以积极地参与到实践中，在实践中不断提升自身的语言能力与文化能力，调动自身学习语言的积极性与主动性。

(二)语言与会话分析

要想了解会话含义，首先需要弄清楚什么是含义。从狭义角度上说，有人认为含义就是“会话含义”;但是从广义角度上说，含义是各种隐含意义的总称。含义分为规约含义与会话含义。格赖斯认为，规约含义是对话语含义与某一特定结构间关系进行的强调，其往往基于话语的推导特性产生。

会话含义主要包含一般会话含义与特殊会话含义两类。前者指发话者在对合作原则某项准则遵守的基础上，其话语中所隐含的某一意义。

特殊会话含义指在交际过程中，交际一方明显或者有意对合作原则

---

① 周建萍. 大学英语教学行动研究[M]. 旅游教育出版社，2019.

中的某项原则进行违背，从而让对方自己推导出具体的含义。因此，这就要求对方有一定的语用基础。

提到会话含义，就必然提到合作原则，其是会话含义的最好的解释。合作原则包括下面四条准则。

(1)量准则，指在交际中，发话者所提供的信息应该与交际所需相符，不多不少。

(2)质准则，指保证话语的真实性。

(3)关系准则，指发话者所提供的信息必须与交际内容相关。

(4)方式准则，指发话者所讲的话要清楚明白。

二、语言学习理论

(一)行为主义学习理论

行为主义学习理论源自著名生理学家巴甫洛夫的“条件反射”这一概念。受巴甫洛夫的影响，很多学者开始研究行为主义理论，如著名的学者华生与斯金纳。

美国著名的心理学家华生创立了行为主义学习理论。20 世纪初期，他提出了采用客观手段对那些可以直接观察到的行为进行研究与分析。在他看来，人与动物是一样的，任何复杂的行为都会受到外界因素的制约与影响，并往往需要通过学习才能将某一行为获得，当然在这之中，一个共同的因素——刺激与反应是必然存在的。基于此，华生提出了著名的“刺激—反应”理论，这一著名的行为主义心理学公式可以表示如下：

S—R，即 Stimulus—Response

美国学者斯金纳在华生行为主义学习理论的基础上进行了深入的研究与探讨。在斯金纳看来，人们的言语及言语中的内容往往会受到某些刺激，这些刺激可能来自内部的刺激，也可能来自外部的刺激。通过重复不断的刺激，会使得效果更为强化，使得人们学会合理利用语言相对应的形式。在这之中，“重复”是不可忽视的。

行为主义学习理论在实际教育中的应用普遍可见。例如，在课堂教学中,对于认真听讲的学生,教师会不吝表扬,这部分学生受到激励后会保持认真听讲的态度与行为,而不认真听讲的学生为了可以受到表扬,也会转变学习态度,认真听讲。事实上,让上课不认真的学生变得认真是教师表扬上课认真听讲的学生的主要目的。

下面简要归纳行为主义学习理论的基本观点。

(1)学习是刺激与反应的连接。

(2)学生的学习过程是尝试错误的渐进过程。错误在学习中难免会出现,对此要正确看待。

(3)表扬、批评等强化手段是影响学习的重要因素。

对于英语教学而言,行为主义学习理论有着重要的指导意义。具体而言,主要体现为如下几点。

(1)即时反应,即位于刺激后的反应,二者有着较长的间隔,反应会逐渐淡化。

(2)重视重复,即通过重复,能够加深学生对知识的记忆程度,从而使行为发生得更为持久。

(3)注意反馈,即教师应该让学生明确反应是正确的反应还是错误的反应,然后给出具体的反馈。

(4)逐步减少提示,即减少学生的学习条件,然后期待学生朝向理想的程度发展。

总之,行为主义学习理论促进了视听教学、程序教学及早期计算机辅助教学的发展。但是,行为主义学习理论也存在着一些缺点:它是对人类学习的内在心理机制的完全否定,将动物实验的结果直接生搬硬套地推到人类学习上,忽视了人类能够发生主观能动作用,其实是走向了环境决定论和机械主义的错误方向。

(二)认知主义学习理论

认知主义学习理论认为学习个体本身会对环境产生这样或那样的作用,大脑的活动过程能够向具体的信息加工过程转化。布鲁纳、苛勒、加涅和奥苏贝尔等是认知主义学习理论的主要代表人物。

人要在社会上生存，必然要与周围环境互相交换信息，作为认知主体的人也会与同类发生信息交换的关系。人是信息的寻求者、形成者和传递者，从一定意义上来讲，人的认识过程也就是信息加工的过程。

认知学习理论的基本观点为，在外界刺激和人内部心理过程的相互作用下才形成了人的认识，而不是说只通过外界刺激就能形成人的认识。依据这个理论观点，可以这样解释学习过程，即学生从自己的兴趣、需要出发，将所学知识与已有经验利用起来对外界刺激提供的信息进行主动加工的过程。

从认知学习理论的基本观点来看，教师不能简单地将知识灌输给学生，而要将学生的学习动机激发出来，对学生的学习兴趣进行培养，使学生能够将已有的认知结构和所要学的内容联系起来。学生的学习不再是被动消极的，而是主动选择与加工外界刺激提供的信息。

认知主义学习理论认为，影响学生学习的因素中，学生自身已有的认知结构具有非常重大的影响，在教学中应将教学内容结构直观地展示给学生，让学生对各单元教学内容之间的相互关系有深入的了解。

(三)建构主义学习理论

建构主义学习理论认为个体与外部环境的交互作用使得知识得以产生，人们会从自己的已有经验出发来理解客观事物，每个人对知识都有自己的理解和判断。维果斯基、皮亚杰等是建构主义学习理论的主要代表人物。

建构主义学习理论认为，学生是在一定情境下，通过自己的主观参与，同时借助他人的帮助，通过意义建构的方式获得知识，而不是通过教师传授得到知识的。

建构主义教学理论要求教师在学生主动建构意义、获取知识的过程中起到帮助和促进的作用，而不是给学生简单灌输和传授知识。因此，在教学过程中，教师首先要转变教育思想，改革教学模式。学生是在一定的学习环境下获取知识的，学生在获取知识的过程中需要主观努力，也需要他人帮助，而且也离不开相互协作的活动。建构主义学习理论要求有利于学生获取知识的学习环境应具备情境创设、协作、会话、意义建构等基本属性或要素。下面具体分析这四个基本要素。

学习环境中必须有对学生意义建构有利的情境。在建构主义学习环境下,教师要基于对教学目标的分析与对学生建构意义的情境创设问题的考虑而设计教学过程,并在教学设计中把握好情境创设这个关键环节。

在学生的整个学习过程中都离不开协作,如学生收集与分析学习资料、提出和验证假设、评价学习成果及最终建构意义等都需要不同形式的协作。

在协作过程中,会话这个环节是不可或缺的。学习小组要完成学习任务,必须先通过会话来商讨学习的策略。学习小组成员之间协作学习的过程也是相互不断会话的过程,在这个过程中,学生的学习资源包括智慧资源都是共享的。

学习过程的最终目标就是意义建构。建构的意义指的是事物的本质、原理以及事物与事物之间的内在联系。帮助学生在学习中建构意义,就是帮助学生深刻理解学习内容反映的事物的本质、原理及其与其他事物之间的内在联系。

(四)二语习得理论

除了对第一语言习得的关注,心理语言学对第二语言习得也非常注重。所谓第二语言习得,即人们的第二语言的形成与发展的过程,其与第二语言学习有所不同,各有侧重。

作为一门独立的学科,二语习得理论真正形成于 20 世纪 70 年代。该理论的主要代表人物是美国语言学家克拉申。克拉申是在总结自己和他人经验的基础上提出这一理论的。

二语习得理论主要对二语习得的过程与本质进行研究,描述学生如何对第二语言进行获取与解释。对于这一理论的研究,克拉申做出了巨大贡献,并提出五大假设。

1. 习得—学得假说

所谓习得,指学生不自觉地、无意识地对语言进行学习的过程。所谓学得，即学生自觉地、有意识地对语言进行学习的过程。

2. 自然顺序假说

克拉申提出的这一假说主要强调语言结构的习得是需要一定的顺序，即根据特定的顺序来习得语法规则与结构。当然，这也在第二语言习得中适用。

在英语作为第二语言习得过程中，人们对进行时的掌握是最早的，对过去时的掌握是比较晚的；对名词复数的掌握是比较早的，对名词所有格的掌握是比较晚的。

3. 监控假说

克拉申的监控假说区分了习得与学得的作用。前者主要用于输出语言，对自己的语感加以培养，在交际中能够有效运用语言；后者主要用于对语言进行监控，从而检测出是否运用了恰当的语言。

同时，克拉申认为学得的监控是有限的，受一些条件的影响和制约，具体归纳为如下三点。

(1)需要时间的充裕。

(2)需要关注语言形式，而不是语言意义。

(3)需要了解和把握语言规则。

在这些条件的制约下，克拉申将对学生的监控情况划分为三种。

(1)监控不足的学生。

(2)监控适中的学生。

(3)监控过度的学生。

4. 输入假说

克拉申的输入假设和斯温纳的输出假设是从两个不同的侧面来讨论语言习得的观点，都有其合理成分，都对英语教学有一定的启示。输入假说的内容主要有以下几点。

(1)与习得有着紧密关系而非学得。

(2)掌握现有的语言规则是前提条件。

(3)i＋1 模式会自动融入理解中。

5. 情感过滤假说

"情感过滤"是一种内在的处理系统,它在潜意识上以心理学家们称之为"情感"的因素阻止学生对语言的吸收,它是阻止学生完全消化其在学习中所获得的综合输入内容的一种心理障碍。

克拉申的情感过滤假说是指在第二语言习得中,将情感纳入进去。也就是说,自尊心、动机等情感因素会对第二语言习得产生重要影响。

克拉申把他的二语习得理论主要归纳为两条:习得比学习更重要;为了习得第二语言,两个条件是必须的:可理解的输入(i+1)和较低的情感过滤。

三、需求分析理论

需求分析理论对英语学习策略具有重要的指导意义。学习策略的选择只有以需求分析为基础,才能提高其有效性。因此,下面就对需求分析理论进行概述,主要内容涉及需求分析的内涵、对象、内容、过程及启示五个层面。

(一)需求分析理论概述

需求分析有广义与狭义之分。广义的需求分析是指学生除了自身的学习需求外,还需要考虑单位、组织者、社会等其他方面的需求。狭义的需求分析则仅涉及学生个人自身的学习需求。

在语言教育领域中,最早出现的需求分析是针对专门用途英语展开的。在专门用途英语的学习中,学生的学习需求主要表现在为了达到某些目标所需求的语言知识、语言技能而展开学习。[①] 后来,随着大学英语教学的深入发展,"需求"的应用范围越来越广泛,涉及语言、教材、情感等方面的人的需求、愿望、动机等。

(二)需求分析的对象

需求分析的对象包括以下四个方面。

---

① 杨照. 于教学改革的大学英语教学实践[M]. 长春:吉林出版集团股份有限公司,2019.

(1)学习者。这主要包括学生以及其他有学习需求的学习者。

(2)观察者。这方面主要包括教师、教学管理人员、助教、语言项目的相关领导等。

(3)需求分析专家。这主要是指专业人员或者具有丰富经验的大纲设计教师等。

(4)资源组。这方面指的是能够提供学习者信息的人,如家长、监护者、经济赞助人等。

(三)需求分析的内容

一直以来,众多学者对需求分析展开了研究,不同学者对这方面的研究存在不同视角,自然所得出的成果也存在差异。同样,对于需求分析的内容,不同学者也提出了不同的看法。

1.哈钦森和沃特斯的观点

学者哈钦森和沃特斯认为,需求分析包括目标需求、学习需求两个方面。其中,目标需求指的是学生在目标情景中所能掌握的可以顺利使用的知识、技能。另外,这两位学者又进一步将目标需求分为必备需求、所缺需求、所想需求。学习需求指的是学生为了掌握所需要掌握的知识内容所进行的一切准备活动。

2.布朗的观点

学者布朗认为,学习需求在内容上可以分为以下三大类,他认为这种分类方式可以有效缩小需求分析的调查范围。

(1)形式需求与语言需求。

(2)语言内容的需求和学习过程的需求。

(3)主观需求和客观需求。

3.伯顿和梅里尔的观点

伯顿和梅里尔认为需求分析涉及如下六大层面。

(1)预期需求,即将来的需求。

(2)表达需求,即个体将感到的需求进行表达的需求。一般来说,这可以采用多种形式,可以是座谈,可以是面谈,还可以是观察等,便于对方提取信息，从而对表达需求予以确定。

(3)标准需求，即学生个体与群体的现状与既定目标间存在的某些差距。

(4)感到的需求，即个体感受到的需求。

(5)相比需求，即通过对比找到个体与其他个体的差距，或者同类群体之间的差距。

(6)批判性实践的需求，即一般不会轻易发生，如果发生那么必然会导致某些严重的后果的一种需求。

4. 布林德利的观点

布林德利认为需求主要包含如下两大层面。

(1)主观需求，即学生学习语言的情感、对语言学习的认知层面的需求，包含对语言学习的态度、是否持有自信心等。

(2)客观需求，即学生性别、年龄、背景、婚姻状况、当前的语言水平、当前从事的职业等各方面的信息。

(四)需求分析的过程

1. 制订计划

需求分析的第一步就是制订计划，这一步骤非常关键。首先，制订计划要对需求分析的时间加以确定，具体来说包含三个阶段：课前阶段、课初阶段、课中阶段。然后对需求分析的对象进行确定，其涉及教师、学生、文献等。最后对研究方法加以涉及，并确定采用何种技术进行数据的收集。当然，在其中应该确定需求分析由哪些人进行参与。

2. 收集数据

在进行需求分析的过程中，可以运用工具和程序，对数据与资料进行收集。一般来说，数据收集的方式可以是观察得到的，也可以是案例分析得到的，还可以是访谈或者调查得到的，除此之外还可以是测试、观摩等。在实际的操作中，我们可以具体问题具体分析，从不同的因素加以考量，这样才能保证调查结果更为准确、科学。

3.分析数据

分析数据就是对数据进行排列和优化,从而形成结论。在分析的过程中,应该采用合理的数据分析方法,并且与自身的研究目的相一致。

分析方法存在差异,那么研究方法也存在差异,这时候可以从整体上对学生的需求加以满足,如在测试结果分析中,对及格人数的百分比进行分析,并研究单项技能通过率的平均值;在问卷结果分析中,对各个选项的人数与百分比进行计算。

4.写分析报告

需求分析的最后一个环节就是写分析报告,在这一阶段,可以总结需求分析的对象、过程以及学习的目标,基于数据分析的结果,用简要的图表或者文字将结果表达出来,并提出合理的建议。

在需求分析时,一些问题需要注意,具体来说主要有如下几个问题。

(1)特定环境下如何定义需求。

(2)在现实问题中需求的实质。

(3)需求的程度及其严重性。

(4)需求的原因以及具体动机。

(5)需求的预报。

(6)需求问题的数据分析。

(7)需求的范畴、种类等,以及需求分析的复杂性。

(8)需求所包含的成分。

(9)需求重点考虑哪些问题。

(10)关注需求引起的后果。

(11)未关注需求引起的后果。

总之,需求分析的过程需要遵循有效性、可靠性、可用性的原则。需求分析的反馈结果可以为今后学生的学习和课程的设置提供一定的指导和理论依据。

(五)需求分析理论对英语教学的启示

需求分析理论对英语教学的启示主要体现在以下两个方面。

1.突出英语重难点

大学英语教学往往是在教学目标的指导下展开的，所以需要明确教学的重点与难点，如此才能有针对性地展开教学。可见，教学重难点是为整体教学目标提供服务的。

需求分析有助于确定教学中的重难点问题。通过实践，国内大学生对于听力学习、阅读学习以及口语学习都存在困难，因此在对教学目标进行规划时，可以将其视作重难点。而目标的多样性决定了重难点也是多种多样的。

当我们把英语教学目标从认知向非认知扩展的时候，也需要重点和难点的相应扩展；当我们把教学重心从认知向非认知转移的时候，也需要重点和难点的转移。

2.提升教学设计的效果

通过需求分析，可以对教学设计的必要性与可能性进行充分的论证，旨在使教师与学生可以集中精力，对教与学中的重难点问题加以解决，从而不断提升教与学的质量和效率。

具体来说，通过需求分析，教师可以对“差距”资料进行准确的把握，基于此来设计教学目标，同时需求分析可以作为教学目标、教学策略等设定的依据。

因此，需求分析对于大学英语教学而言是十分重要的，甚至决定着大学英语教学的成败，需要教育者加以关注。

四、信息化教学理论

既然涉及教育，那么必然涉及教与学这两大要素，而随着研究的深入，一些学者形成了很多关于教与学的理论，这对于教育信息化而言是非常重要的理论支撑。

(一)视听教育理论

1.视听教育理论的核心——“经验之塔”

在教育中,教师会运用到各种视听教学媒体,这些教学媒体发挥着非常重要的作用,视听教育理论也指出了这一点。视听教育理论是现代教育技术应用的基础理论之一,也是教育技术应用需要遵循的一个基本规律。

关于视听教育理论的研究,美国教育家戴尔于1946年撰写了《教学中的视听方法》,在当时产生了巨大的影响,其中视听教育理论的核心——“经验之塔”理论出自本书。“经验之塔”理论将人们获得的经验划分为三种类型:做的经验、观察的经验和抽象的经验,并将经验获取方法分成若干层次。

(1)做的经验

做的经验主要源自三个层面:直接有目的的经验、设计的经验、游戏的经验。

①直接有目的的经验。在“经验之塔”模型中,位于最底部的是直接有目的的经验,指的是从日常生活的具体事物中获得的知识,这类经验最具体也最丰富,从日常生活中总结而来,学生获得直接经验是形成概念和进行抽象思维的基础。

②设计的经验。通过间接材料(如学习模型、学习标本等)获得的经验就是设计的经验。由人工设计、仿制的学习模型与标本及实物是有差异的,如大小差异、结构差异、复杂度差异等,尽管如此,学生利用这些材料可以更好地理解实际事物。

③游戏的经验。通过演戏、表演等获得的经验更接近现实。学生要获得关于社会观念、意识形态、历史事件等事物的经验,通过直接实践是行不通的,因此要根据这些事物的特点来设计相应的戏剧活动,让学生在活动中通过角色扮演获得逼真的经验。

上述这三种经验的共同特征是都通过学生的亲自实践而获得,比较具体、丰富。

(2)观察的经验

观察的经验主要源自如下几个层面。

①观摩示范。学生先模仿别人,再亲自尝试,以获得直接经验。

②广播、录音、照片与幻灯。学生听录音、广播,看幻灯与照片,可获取相关信息,形成视听经验。这些经验来源的真实性不及电视、电影,比较抽象,但和完全抽象的经验相比,还是具有直接性的。

③参观展览。学生通过观察展览活动中陈列的实物、图表、模型、照片等事物而获取经验。学生在参观展览中看到的事物缺乏真实性,也不具有普遍意义。

④电视与电影。学生观看电视与电影获得的经验是间接的。利用电视、电影艺术可以将教学中的难点内容形象地表现出来,表现手法有编辑、动画、特技等,采用这些丰富的手法可以生动形象地呈现教学内容,使学生理解起来更方便。电视和电影相比,具有直接功能,学生观看电视获得的经验比观看电影获得的经验相对来说更直接一些。

⑤见习旅行。学生在参观访问、考察等活动中对真实事物进行观察与学习,从而增长见识,获得丰富的经验。

在学生的学习过程中,抽象思维伴随着其整个过程,只是在程度上存在某些差异。随着信息技术的推广与发展,应在这层经验和电视电影之间增加“计算机互联网”这个新的层次经验。

以上经验的共同点是都通过学生的“观察”而获得,它们在“经验之塔”中的分布越高,就越抽象。

(3)抽象的经验

抽象的经验主要源自言语符号与视觉符号两大类。

①言语符号。在“经验之塔”模型中位于最顶端的言语符号的抽象程度是整个模型材料中最高的。言语符号是事物与观念的抽象表示方法,包括口头语、书面语等。言语符号几乎不能单独发挥作用,而要和模型中的其他材料结合起来发挥作用。

②视觉符号。学生在示意图、图表等事物中获得的经验都是视觉符

号经验。如水的流动方向用箭头代表，铁路用线条代表，等等。这些符号是真实事物的抽象表示形式，学生在这些视觉符号中无法看到真实事物的形态。和语言文字相比，视觉符号更直观一些，学生要对视觉符号所代表的事物有正确的理解，这样才能学到知识，获得有价值的经验。

2.“经验之塔”理论的要点分析

“经验之塔”理论的基本要点如下：

(1)“经验之塔”模型中最底层的经验是最直接和最具体的学习经验，学生容易掌握，层次越高，经验的抽象程度和间接程度就越强。最抽象的是顶层经验，这一层次的经验便于形成概念，应用起来较为便捷。学生并不是一定要经历从底层到顶层的这个过程才能获得经验；也没有说哪个层次的经验比其他层次的经验更有价值，对经验进行层次划分，只是为了对不同经验的抽象程度有一定的认识。

(2)观察经验在“经验之塔”中处于中段位置，和抽象经验相比，这类经验相对更形象、具体，更容易被学生理解，有利于对学生的观察能力进行培养，并使其直接经验得到弥补。

(3)获得具体经验并不是学习的目的，要在获得具体经验后过渡到抽象经验，以形成概念，便于应用。在推理中需要用到概念，思维与求知都要以概念为基础，这有利于对实践进行有效的指导。在教育中不能过分重视直接经验和过分追求具体化的教学，而要尽可能使学生达到普遍化的充分理解。

(4)在学校教学中，为了使教学更直观、具体，应充分运用丰富的教学媒体手段，这也是使学生获得更好的抽象经验的重要手段。

总之，“经验之塔”理论模型对学习经验进行分类，说明各种经验的抽象程度，这与人们的认知规律相符，即从具体到抽象、从感性到理性、从个别到一般。

3.视听教育理论的优劣

视听教育理论的核心是“经验之塔”，其对现代教育技术起到以下几方面的作用。

(1)“经验之塔”理论划分出具体学习经验和抽象学习经验两种类型，提出学生的学习规律是从直观到抽象，这与人类的基本认识规律相符，为教学中对视听教材的应用提供了重要的理论依据。

(2)为划分视听教材的类型提供了重要的理论依据，即划分视听教材时，应参考的一个主要依据就是各教材所对应的学习经验的抽象程度，对视听教材的合理分类能够为划分教学媒体的类型和优化选择教学媒体奠定基础。

(3)有机结合视听教材与课程，这也是现代教育技术研究与应用的思想基础。

除了上述这些贡献，视听教育理论也具有以下局限性。

(1)只对视听教材本身的作用进行强调，而对设计、开发、制作及管理等一系列环节不够重视。

(2)视听教育理论对媒体在教学中地位与作用的认识不到位，认为视听教材只是教学的辅助手段，这会导致教育改革的不彻底和视听教育的作用得不到充分发挥。

(二)教育传播理论

在现代教育学中，用传播学理论对媒体与教学过程进行研究，从中对教学过程中媒体的作用机理进行探索，这是比较传统的一个研究手段，教育传播学就产生于这个研究中。下面主要对教育传播理论的模式、应用、传播过程的功能条件及教学传播中媒体的作用进行分析。

1. 传播理论及模式

传播源自拉丁文 communicure，是共享、共用的意思。英语中的传播 communication 被译为沟通、交流、传递等。当前，传播一般被解释为传播者运用一定媒体与受传者之间进行信息传递和交流的社会活动。传播有自我传播、人际传播、大众传播和组织传播四种类型，这是按照传播涉及人员的范围及传播对象划分的结果。

关于传播的理论与模式，下面主要列举几个具有代表性的。

(1)香农—韦弗模式

美国伟大的数学家香农曾喜欢研究一些电报通信问题，他在 20 世纪

40年代提出了一个和通信过程有关的单向直线式数学模型。之后又与著名信息学者韦弗共同对这个模型进行了改进，将反馈系统加入该模型，于是便形成了香农—韦弗模型，如图1—1所示。该模型在技术应用方面发挥了重要作用。

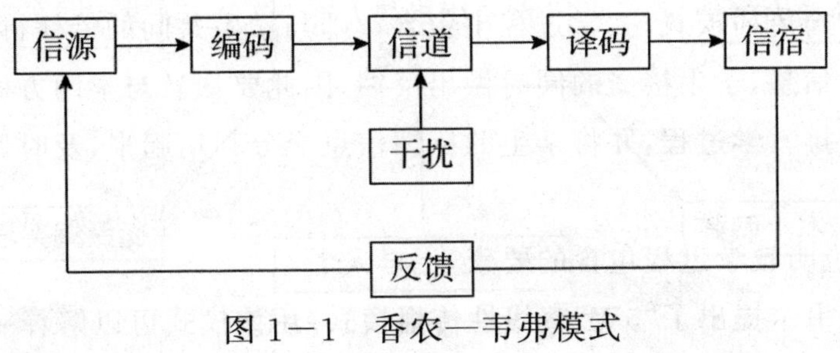

图1—1　香农—韦弗模式

(2)拉斯韦尔模式

美国学者拉斯韦尔指出，传播过程是由“谁”“说什么”“采取什么途径”“对谁”“产生什么效果”五个线性要素共同组成的一种线性结构，也就是“5W模型”。从传播学的角度来看，这五个因素分别对应的是信息源、信息本身、受传者、媒体以及期望的产出。它们之间的关系如图1—2所示。

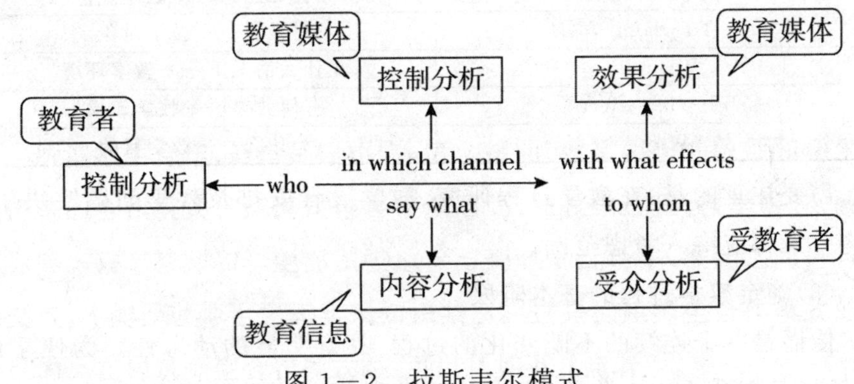

图1—2　拉斯韦尔模式

2. 传播理论对教学过程的解释与说明

利用以上传播模式可以对教学过程进行解释与说明，这些模式为教育传播学研究奠定了重要的理论基础。

(1)指出教学过程的双向性

早期传播理论片面地认为传播过程是单向的，也就是受传者对信息内容被动接受的过程。这种理论对信息接收者作为独立个体所拥有的主动性和自主性没有正确的认识。[①] 施拉姆模式指出传播过程是双向的互动过程，传播主体不仅包括传播者，还包括受传者。之所以能够循环不断地进行传播，主要是反馈机制在起作用，这也说明了受传者的主体作用。按照施拉姆传播模式，教学过程中包含教师与学生共同的传播行为，教师传播教学信息，学生接受的同时做出反馈，因此要从教与学两方面出发来设计与安排教学过程，并将学生的反馈信息充分利用起来，及时调控教学过程。

(2)说明教学过程包含的要素

拉斯韦尔提出了"5W"直线性传播模式，用该模式可以解释一般传播过程。有人以此为基础构建了"7W"模式。该模式指出，传播过程包含七个要素，将该模式运用到教学中，也能说明完整的教学过程包含七要素，如表1—1所示。

表1—1　教学过程的要素

Who	谁——教师
Says what	说什么——教学内容
In which channel	用什么方式——教学媒体
To whom	对谁说——教学对象
Where	在什么情况下——教学环境
With what effect	有何效果——教学效果
Why	为什么——教学目的

需要注意的是，在教学过程研究、教学设计安排及教学问题解决中，这些要素都应纳入考虑范围。

(3)确定教学过程的基本阶段

传播是一个连续的不断变化的过程，具有明显的动态性。为便于研究，可将其划分为六个阶段，每个传播阶段都对应教学过程的一个环节，具体分析如下：

①确定教学信息。将所要传递的教学信息确定下来，这是教学传播的首要环节。教师要从教学目标出发来确定要传递的教学信息。通常，

① 应慧．学英语教学改革研究[M]．青岛：中国海洋大学出版社，2023．

要传递的教学信息出自专家按照教学大纲精心编写的课程教材中。在这一阶段,教师要对课程教材认真钻研,细致分析各教学单元的内容,并进行适当分解,确定被分解后的内容所要达到的传递效果。

②选择传播媒体。这个阶段主要是进行信息编码,选择适当的媒体手段来呈现与传递信息,这个过程比较复杂,需要在科学原理的指导下循序渐进地完成。教师所选的传播媒体要满足以下要求:能将教学信息内容准确地呈现出来;方便获取,且传播效果较好;与学生的知识水平、经验相符,使学生接受和理解起来更快一些。

③传递信息。在这个阶段重点是将以下两个问题解决好:确定媒体信号传播的范围;合理安排信息内容的传递问题,利用媒体对教学信息进行有序传递,尽可能减少外界环境对媒体信号的干扰。

④接受和解释信息。在教学过程中,学生作为教学主体,不仅要接收教师利用教学媒体传递的教学信息,还要对此进行解释,做出反应。从传播学的角度来看,这个环节主要是进行信息译码。学生先用感官接收信号,然后从自身知识水平与经验出发将接收的信号解释为信息意义,并在大脑中加以储存。

⑤信息反馈与教学评价。学生接收并解释信息后,知识得到增长,智力得到发展,但还需要通过评价来判断预期教学目的是否实现。观察学生的行为变化、课堂提问、课后作业、阶段性测试等都是可采用的评价方式。

⑥调整再传递信息。对比信息传播效果与预期教学目标,发现教学的不足,及时调整传播内容、传播媒体,然后再传递,以达到预期教学目标。例如,对于课堂上出现的问题,要在课堂上迅速解决;对于学生课后作业中存在的问题,如果是个别问题,以个别辅导为主,如果是共性问题,需要在课堂上集中解决;对于远程教育中的问题,多提供有价值的资料,或创造条件提供面授辅导。

(4)揭示教学过程的规律

随着传播学与教育学的不断融合,现代教学与信息传播逐渐拥有了共同的规律,将传播学与教育学理论方法综合运用起来对教学过程与规律进行研究,可有效提高教学效果。下面具体分析传播理论揭示的教学过程的规律。

①共识律。共识的含义有以下两点:教师对学生的知识水平和经验予以尊重,在共同经验范围内建立传播关系;教师以教学目标、教学内容的特点为依据对教学方法与媒体进行选择与运用,以便向学生传授知识和技能,使学生将已有经验和即将接受的教学内容信息建立连接,从而取得良好的传播效果。

共识是教师与学生在教学传播活动中顺利交流与沟通的前提与基础。学生的知识水平、已有经验及发展潜能是教师选择、组合及传递教学信息时必须参考的依据与考虑的要素。学生的知识与技能水平在不断变化,教学传播也是动态的变化过程,所以一般不存在绝对的"共识"状态,而是一个螺旋上升的反复变化的过程,即不共识—共识—不共识等在共识经验的创设中,教师必须依据学生的"最近发展区"来设定教学目标。

②选择律。选择教学内容、教学方法和教学媒体是教学传播过程中的主要工作环节,对这些教学要素的选择要与学生的身心特点、学习规律相符,要为教学目标而服务,争取以最小的代价最大化地实现教学目标。选择教学媒体在教育传播活动中最受关注。师生选择教学媒体一般与需要付出的代价成反比,与可能取得的教学成效成正比。所以,在教学媒体的选择中,要想方设法选择那些需要付出代价最少的教学媒体,花最小的代价取得最好的功效。

选择教学媒体的规律是,对于功效相同的教学媒体,优先选择需要付出代价少的,对于需要付出相同代价的教学媒体,优先选择能够取得良好功效的教学媒体。

③谐振律。谐振指的是传递信息的"信息源频率"接近接收信息的"固有频率",在信息传递中,二者产生共鸣。要维持教学传播活动,并提高传播效果,就必须具备谐振这个条件。师生双方能否达成谐振,与信息传播的速度快慢、容量大小有关,如果速度、容量不合理,就会导致传播过程受阻,传播活动无法继续。

教师传递信息的速率和容量要与学生认知的规律、接受能力相符,此外，还要在教学中营造宽松和谐的信息传递氛围，建立民主的师生关系，并注重对学生反馈的收集与对教学传播过程的调控，只有满足这些要求，信息传播的谐振现象才能顺利产生。不仅如此，教师还应有节奏地变换使用各种媒体方法与手段，才能使谐振现象长期维持下去。

④匹配律。匹配指的是在教学传播过程中，对教学对象、教学目标、教学内容、教学方法、教学媒体环境等因素进行深入剖析，使各要素按自己的特性有机和谐对应，从而维持教学传播活动的循环进行。

围绕预期教学目标而有机组合各教学要素，发挥各要素的优势与作用，从而增强教学系统的整体功能，这是实现匹配的主要目的。[①] 每个教学要素所具有的特性、功能与意义都是多元化的，要充分发挥各要素的功能，为教学目标的实现创造条件，使既定的目标能够顺利达成。如果在教学传播活动中，各要素游离松散，功能得不到发挥，则预期的目标就很难实现。

教学中采用的传播媒体直接影响教学活动的匹配效果。因此，在教学传播过程中，要对需要用到的各种传播媒体的特性、功能有全面的了解，这样才能合理组合这些传播媒体，取长补短，发挥各自的优势与功能作用，最大化地提高教学传播过程的效率与效果。

3. 教学传播过程的功能条件

教学系统的结构是在系统各要素相互组合和联系的基础上构成的。这种结构可能是功能较弱的静态结构。只有在信息传播中让系统各要素相互联系与作用，并产生连续循环的动态过程，系统的多重功能才能形成。教学传播过程就是在教学系统各要素相互作用的基础上产生的循环动态过程。

教学系统内部信息传递是实现教学系统多重功能的基本条件，而要维持教学传播过程，需要教学系统各要素具备一定的条件或满足一定的要求，并在此基础上实现自己的功能。具体分析如下。

---

① 应慧.大学英语教学改革研究[M].青岛：中国海洋大学出版社，2023.

(1)教师层面

作为教学系统中起主导作用的重要组成部分,教师应达到较高标准的要求,如精通专业、熟悉教材、了解学生、教学态度端正、传播技能良好等。此外,教师在教学中必须对教学系统的其他要素及相互关系有深入的了解,如教学对象、内容、方法、媒体、环境等。

教师自身功能的实现需要具备以下几个条件:教师在所教学科领域的知识水平要高于学生,教师通过不断的学习来提高自己的知识水平;教师要有良好的教学技能,如语言表达技能、教学媒体运用技能等;教师对教学活动要有良好的调控能力,包括调节自身状态和师生关系等。

(2)学生层面

学生完成学习任务,各方面素质协调发展是教学系统功能实现的首要标志。学生实现其功能要具备以下几个条件:明确的学习目的;一定的学习能力;良好的自控能力。

(3)教学内容层面

具体来说,要做到随着社会的发展与时代的进步而不断更新教学内容;在教学内容体系中纳入具有潜在发展意义的前沿知识,注重理论与实践的有机结合;按照学科逻辑、学生认知规律来编排教学内容,如从已知到未知、从整体到部分;教材内容纵横联系、融会贯通,便于学生接受,又能启发学生探索。

(4)教学方法层面

根据教学规律、教学目的任务、教学内容特点、教学环境、学生的适应性及教师的教学能力选用教学方法;对各种有效的教学方法进行适当的优化组合,达到优势互补、相得益彰的效应。

(5)教学媒体层面

根据教学目标任务、学生特点、学校教学条件合理选用教学媒体;了解各类教学媒体的优缺点,综合使用教学媒体,达到相得益彰的效应;教学媒体功能的发挥受其自身特点及一些实践因素的影响,如媒体操作的复杂程度、媒体资源软硬件添置的可能性、媒体资源配合使用的灵活性等。在教学媒体选用中要综合考虑这些影响因素，将不良影响降到最低。

教学系统中每个要素的功能都直接影响教学系统的运行，只有充分发挥教学系统各个要素的功能，才能保证教学系统的正常运行。此外，教学系统中各要素之间的相互关系与作用情况直接决定了教学传播效果，因此要按照信息传播的规律与法则来传播教学信息，以最大化地提高教学传播效果。

第三节　大学英语教学的基本原则

一、可行性原则

英语教学中的教学设计是为课堂教学所做的系统规划，要真正成为现实，必须具备两个可行性条件：一是符合主客观条件，二是具有可操作性。

符合主客观条件是教师实施教学设计的重要条件，主观条件是指教师应考虑学生的年龄特点、已有知识基础及生活经验；教师只有遵循学生的认知规律，尊重学生身心发展的特点，立足学生的生活经验和学习基础，在综合分析的基础上进行教学设计，才能增加设计的针对性，更具有实效性。如果教学设计背离了学生的年龄特点，超出了学生的认知能力范围和脱离了生活实际，是不可行的。

客观条件是指教师进行教学设计需要考虑教学设备、地区差异等因素。教师首先要了解学校所处的地域环境和教学条件、学生的学习能力等客观因素，了解学校能够提供什么样的教学设施。教学的环境和条件、学生的学习能力是教师进行教学设计的重要参考。如果教师不考虑教学的客观条件，只凭自己的主观设计，不考虑地域学生的差异，把目标拔得太高，教学设计也是无法落实的。

具有可操作性是教学设计应用价值的基本体现。教学设计的出发点是为指导教学实践准备，应能指导具体的教学实践，而不是理想化地设计作品。教师的教学设计要在教学实践中检验，去验证设计的理念是否正确，方法是否恰当，学习效果是否满意，这样才能体现教学设计指导教学的作用。

二、趣味性原则

英语教学的目标是要培养学生综合运用语言的能力和学习英语的兴趣。英语教学不仅要符合学生的知识、认知和心理发展水平，还要充分考虑学生的兴趣、爱好、愿望等学习需求，紧密联系学生的实际生活，设计生动活泼、形式多样、趣味性强的学习活动，创设愉快的语言运用情境，引导学生积极参与，提高学生的学习兴趣，加强其学习动机。例如，根据不同学段学生的年龄特征，设计不同的任务型教学，创设不同的情境，采用不同形式的教学媒体，使课堂教学生动活泼。

三、互动性原则

根据生态的基本观点，任何事物都处于一定的关系中，学校是教育生态系统的子系统，在学校这个子系统中，教师与学生作为其中的两个因子相互作用与交往。教师与学生之间是一种以学生最终的发展为目的而联系在一起的共生关系。教学过程中信息的传递是相互的、双向的。如果教师与学生之间的互动保持相对平衡性、有序性，他们才能有效发挥各自的作用，进而实现和谐统一的发展。如果教师和学生之间的互动被打破，那么教育要素之间的平衡也会被打破，这不仅会损害师生自身的发展，也会损害整个学校甚至整个教育生态的发展。师生之间的交流与沟通是一种连续不中断的过程，在不断地动态变化发展中寻找平衡点。教师不断提高自身的教学水平与理论水平，从而应用到实践教学中，促进学生的可持续发展。学生获得的成绩也体现了教师的价值，并且是对教师的一个鼓励。因此，在大学英语教学中，师生之间是一种相互依存、共同发展的关系。

四、系统性原则

英语教学的设计是一项系统工程，系统中的各要素相当于子系统，既相对独立，又相互依存、相互制约，组成一个有机的整体。教学设计各子系统的排列具有程序性的特点，即各子系统有序地成等级结构排列，而且前一子系统制约、影响着后一子系统，而后一子系统依存并制约着前一子系统。一个规范的教学一般由教材分析、学情分析开始，根据分析结果，确定教学目标。

从形式上看，教材分析、学情分析和教学目标是相对独立的，但又是相互依存的。学情分析制约着教学目标，教学目标的制定建立在学情分析的基础上，彼此之间存在着内在的逻辑关系，它们之间的逻辑性是保证前后各要素相互衔接的前提。在这种逻辑的基础上，一旦教学目标明确了，教学重点、教学难点就能够确定了。

重点、难点是教师选择教学方法的重要指标和依据，它在一定程度上决定了教师选择什么样的方法突出重点、突破难点，以实现教学目标。所以，教学设计的程序是无法随意改变的，教学设计中教师应遵循其程序的规定性及联系性，确保教学设计的系统性和科学性。

五、情境性原则

课堂教学环境对于教学活动的顺利展开有着很大的影响。大学生的注意力集中水平有限，大学英语教师更应该注意课堂教学环境的建设。一般来说，课堂教学环境分为人文环境、语言环境和自然环境。

1. 人文环境

人文环境主要通过师生之间的情感交流与互动氛围体现出来，它是一种隐形的环境。大学生缺乏人际交往经验，所以大学英语教师应该在营造人文环境方面起主导作用。教师要通过倡导师生之间的平等交流以及歌曲、游戏、表演等方式，来营造一种自由、开放的人文环境，打开学生的心灵，促进学生的英语学习。

2.语言环境

根据认知发展心理学，大学生需要借助具体事物来辅助思维，不容易在纯粹语言叙述的情况下进行推理，他们只能对当时情境中的具体事物的性质与各个事物之间的关系进行思考，思维的对象仅限于现实所提供的范围，他们可以在具体事物的帮助下顺利解决某些问题。语言与认知的发展是相互促进的。个体语言能力是在个体与环境相互作用的过程中逐渐发展起来的。语言环境对于外语学习非常重要，而中国学生没有现成的语言环境，因此大学阶段的英语教学应该创设具体、直观的语言情境。为此，教师要充分利用与开发电视、录像、录音、幻灯等教学手段，设计真实的语言交流，使学生在运用语言的过程中学习与掌握语言。

3.自然环境

课堂教学的自然环境主要指课堂中教学物品、工具的呈现方式。其一，要求让教师与学生之间进行更加亲近的交流，教师应该设置开放的桌椅摆放方式，应该摒弃那种教师高高在上、学生默默倾听的桌椅摆放方式。其二，要求教室的布置应该取材于真实的生活场景，这不仅拉近了学生对课堂教学的距离，也使得学生更容易理解英语，更有助于创造英语语言交流的环境。

六、开放性原则

大学英语教学的一个重要特征在于开放性，具体体现在两个层面。

1.教学资源的开放性

大学英语教学资源不仅来自教材，还源于大学生的课外生活。当然，教学资源都是经过筛选的，选择的依据是师生之间的知识交流、情感传递。换句话说，教学主体在日常生活中进行生活体验，并不断总结经验教训，然后积极构建出相关的知识，真正实现课堂教学的知识在生活中的运用。

2.教学主体的开放性

在大学英语教学中，教师与学生不断地重复信息传递与信息接收的过程，进行着持续的互动交流，教师与学生有着巨大的差异性，主要体现在生活阅历、知识水平、情感态度等层面。教师会无意识地将自己的知识水平、生活阅历、情感态度等带入实际教学活动中，同时学生根据自身发展特点有选择性地吸收。因此，伴随着课堂教学活动的是教师与学生之间的信息流动。

第二章　大学英语跨文化教学概述

语言之所以成为人类交际的工具，成为文化的载体，正是社会成员按照自己民族文化的模式对语言加以运用的成果。语言不仅是在一定范围内社会约定俗成的语音符号和书写符号，它还反映使用该语言的地域特征、经济发展、风土人情和社会风俗。可以说语言反映社会文化，又同时受到社会文化的制约。只有具备了一定的跨文化交际能力，说话者才能有效地避免由于不同文化背景而造成的交际障碍和交际摩擦，顺利地实现交往的目的。美国外语教学协会在其提出的外语能力要求中，已经将文化教学列入了交际能力的内容。美国社会语言学家海姆斯提出的四个交际能力参数：合语法性、适合性、得体性和实际操作性，适合性和得体性实际上就是语言使用者的社会文化能力。因此，把大学英语教学与文化教学相结合，将有关的跨文化交际的相关的知识内容有目的、有计划地融入我们当前的大学英语教学课程中，有助于学生开阔眼界，扩大知识面，加深对世界的了解，借鉴和吸收外国文化精华，提高文化素养，最终促进其语言应用能力的大幅度提高。

第一节　大学英语跨文化教学的必要性

一、跨文化教学是大学英语发展的需要

人类语言的表达形式，必然要受到其所置身的社会文化形式的制约。中国人在进入跨文化交际的语境中时，因为文化碰撞而产生的误会矛盾时有发生。在跨文化交际研究中，大家都明白一个事实，那就是因为文化而产生的误会要比因语言语法错误发生的误会严重得多。由于语言语法

的错误的结果，最多就是词不达意，思想中想要表达的东西无法顺畅地通过语言来将其表达出来。可是，因为文化问题而导致的误会，就会上升到有关民族尊严的问题了，往往会使“本族人与异族人之间产生严重误会甚至敌意”。若想在跨文化交际中有效地避免诸如此类的文化矛盾或冲突，减少跨文化交际过程中有着不同文化背景的人之间的误会或摩擦，最为有效的方法就是交际者能够具备一定的跨文化交际能力，有着较为丰厚的文化修养与素质，对交际对象的民族文化与传统，有着较为深入的理解与认识，只有这样，才能够达到有效交际、顺利实现跨文化交际目的。这样一来，我们的大学英语教学就不能够仅仅局限于语言知识技能的教学了，而在教学过程中有效地融入有关英语民族的文化教学的知识内容，就成为十分必要的课程。将外语教学同本国文化教学成功地结合起来，对于开阔学生的文化视野、从多个层面扩大学生们的知识层面、从而多角度地加深大学对于世界的理解与认识，在对异域民族文化的学习与借鉴过程当中培养、提升自我的文化素养，这已经是当前大学英语跨文化教学不容置疑的事实，已经成为当前的外语教学界的共识。

二、大学英语跨文化交际教学是当前中国社会经济发展的客观需求

毫无疑问，进入新世纪以来，伴随着我国社会各个层面的改革的继续深化，经济的飞速发展，国际性的事务交流越来越频繁。我国的社会发展需要有一支庞大的、具备跨文化交际能力的人参与到国际贸易交流中来，需要这样的一支具备高素质跨文化交际能力的队伍来解决越来越多的国际性事务，以此来更好地增强国际的交流与合作，使我们的跨文化交际得以顺畅进行。

当然，我们所需要的这种跨文化交际人才，不仅需要具备相当的语言沟通交流能力和优化知识结构组成的能力，同时，还必须是具备国际性的文化理念与思维，对于异域民族文化与传统、日常礼仪与交际原则等都有

着一定的了解，也就是具备相当的跨文化交际的能力。[①] 跨文化交际能力是一种双向的沟通交流能力，不仅要对目标交际对象的民族文化有着较为深入的理解与认识，同时，对于本民族的文化知识与传统，也必须有着一定程度的理解掌握，这样，才能够在跨文化交际过程中更好地实现双向的交流与互动。在跨文化交际过程中，要想能够得体顺畅地同外国人进行交流，仅仅具备流利的语言表达能力与较为丰富的交际对象的语言词汇，这是根本不够的。若想保证跨文化交际的顺畅进行，必须还要对目标交际对象、历史文化习俗和价值观念，等等有着深入的理解与认识，这样，才能够很好地避免在交际过程中因为文化的差异性而产生的误会冲突。因此，为了能够培养出优秀的跨文化交际人才，使其在跨文化交际中具备强大的国际竞争力，以此来更好地跟上时代发展前进的步伐，更好地满足我国飞速发展的社会政治、经济、科技以及文化对于跨文化交际人才的需求。基于此种国情发展现状，我们的大学英语教学过程中有效地融入跨文化交际的教学内容，将跨文化交际教学提升到大学英语教学课程内容的一定高度，逐渐将大学英语教学传统教学方法的听、说、读、写能力训练转移到对于跨文化交际能力的全面人才培养重点上来，培养出适应时代发展需求、具备跨文化交际综合素质与能力的国际性人才，是我们大学英语教学改革应该关注的重点内容。大学英语跨文化教学过程中，除了对目的语言民族的文化给予相当的重视的同时，还必须对不同民族之间存在的文化差异性给予足够的关注，在文化教学的过程中同时关注民族文化的差异性，从多个角度、多个层面来增强学生对于不同民族文化的理解与认识，从而更好地拓展学生们现有的知识结构层面，帮助大家在英语学习的过程中更为有效地培养跨文化交际的能力与素养，为我国的国际化人才竞争培养打下坚实的基础。

---

① 郝玲玲，张晶晶，张保峰. 自主学习能力培养视域下的大学英语教学研究[M]. 长春：吉林人民出版社，2022.

三、大学英语跨文化教学是促进大学生社会性发展的需求

任何一个人，都是社会的人，具备一定的社会属性，同社会的发展紧密相关，在社会中扮演着一定的角色，并且相应地承担起应有的社会责任。因此，在个体的人与作为集体的社会之间就形成了一种彼此相互联系、相互依赖共同发展的关系。每一个人都生活在一定的社会当中，既然在社会中生存并且想谋得个人的发展，那么就得不断地去进行学习。而学习，则根本无法离开社会各个方面。基于此，我们的教师就有责任也有义务在教学过程当中引导着我们的学生通过学习来不断地认识社会各个层面的真实情况，对于那些与学生日常生活紧密相关的社会现象，都应该适当地引导着学生进行必要的理解与认识，这是对于学生人生经验与阅历的一种极为有效的丰富途径，对于发展学生们的自身认识能力、丰富他们的情感、知识以增强其自我分析能力及对他人、对社会的认知，都有着极大的促进作用。在此基础上，教师们才能够更好地引导学生构建自己良好的行为习惯体系，从而培养起自我良好的社会道德体系、人生观与价值观。对于大学生来说，大学教学就是促成其社会性发展的有效的助推力之一。对于当前的大学生们来说，他们面对的社会交往关系及现象更为纷繁复杂，多元化的社会交往，决定了交往方式的多样化与复杂化。那么，通过跨文化交际教学来培养学生们面对社会不同人群与不同的语言群体时应有的交际能力，培养大家在人与人交际合作时的正确态度与意识，从学校与社会各个层面来帮助大学生们提升自我的跨文化交际能力与素养，对于他们更好地认识这个世界、跟上社会与时代发展的步伐，以及对于自我素质的发展，都有着很好的作用。由此可见，我们倡导的大学英语跨文化教学同当前青少年培养的社会化目标是同步的，最终的目的就是帮助我们的青少年学生树立起正确的理想与信念，培养大家追求平等、尊重差异、相互合作的思想观念与意识。我们大学英语跨文化教学的目的，也是为了能够培养当代大学生的文化知识素养和综合能力，将每一

个学生潜在的能力与其自身所蕴含的聪明才智最大限度地挖掘并且发挥出来。无数的教学实例已经表明，在大学英语教学中实行跨文化交际教学，不是一个空泛的概念或者是仅限于理论层面的空谈。而且，社会与时代的发展，也为具有跨文化交际综合素养的人提供了越来越多的机会与平台，如国际性的交流与合作，越来越频繁。在大学英语教学中给予跨文化交际教学以更多的关注与重视，不断地从更深的层面来增强、培养学生们对于不同的民族文化的认同感、包容性，树立起他们面对异域民族文化时应有的包容意识与精神，懂得拥有不同文化背景的人与民族之间彼此相互尊重、平等交流合作。这也是大学生们面向未来发展的一项较为基本的社会生存能力。这是促进不同语言民族之间的文化交流与合作、发展，推动国际的交流与合作的一项基本能力与素质，是当代大学生社会性发展的必备生存能力之一，是更好地适应时代与社会发展步伐的要求。

四、大学英语跨文化教学是实现民族自强自立的需要

作为当前世界通用语的英语，任何国际性的交往，都需要通过这一有效的语言沟通工具来搭建桥梁。中华民族的发展融入世界的整体发展态势，离不开英语这一世界通用语来做桥梁纽带。我们在学习英语的过程中不仅要有能力博古通今、融汇中西，还要能够做到对西方文化的辩证吸收，内化融汇，这样，才能够真正建立起自我强大的文化意识。

伴随着我国不断深化的改革开放的步伐，我国的综合国力的确是在不断地飞速提升，因此，一些国际的交往也就越来越频繁。在此种情态下，我们对于具有跨文化交际能力的人才的需求也就愈加强烈。我们需要能够面向世界、对于异域民族有着较为深入理解的人才来参与到我们的国际交流中。因此，我们的大学英语教学就提出了新的教学目标，培养跨文化交际人才，将跨文化交际教学的内容，提升到一定的高度，使学生在学习实践中培养起其面对多元文化的包容性。鉴于此，在我国当前的大学英语教学中实施跨文化教学，是一件极具深远意义的事情。

五、大学英语跨文化教学是顺应高等教学国际化发展趋势的需要

面对着全球一体化发展的趋势，提升高等教学国际化的主流意识，是当前世界性的高等院校办学得以进一步深化发展的新的理念基础。由此可见，在高等院校大学英语教学中实施跨文化教学，已经成为一个国际性高等院校发展的必然方向。跨文化教学在高等院校的有效实施，对于我们办学理念具备世界性的眼光、融入世界办学教学的洪流当中具有积极的推动作用，通过跨文化教学的实施，我们可以不断地吸纳西方先进教学理念与办学模式，站在理性的角度来对我国的高等教学以及传统文化等进行分析认识，并且能够以世界性的战略眼光来看待分析全球性以及民族性的综合性问题，从而在理论与实践相结合的同时，找到中国本土办学、教学同世界各国办学、教学成功经验的融汇点，以此来更好地把握住世界性的主流意识发展，更好地在办学教学中进行创新，并且在创新发展过程中办出自我的个性特色，来为推动我国当前的大学教学做出努力。特别是伴随着全球性的一体化发展态势，办学也在全球一体化的发展过程中呈现出新的发展趋势，很多高等院校都在寻找着同国外学校共同合作办学的新机会，中外合作办学正在不断地进行中。在此过程中，无论是从办学的主体来说，还是参与办学作为教学接收者的客体来说，大家都共同面临着多元化的局势，办学背景存在着多元化的局面，办学对象也出现了多元化的情势，乃至于信息来源、思维方式、社会习俗，等等。在中外合作办学的过程中无不呈现出多元化的特点，因此，在这样的办学理念以及办学氛围中培养出来的人才，由于多元化的作用，必然受到多元文化思维影响作用而具备多元化的意识，有利于学生们形成开放、包容的文化思想。由此可以看出，对于中外合作办学这一新的办学模式中的跨文化教学进行深入的关注与研究，对于我们的大学英语跨文化教学是一件十分有意义的事情。

这是因为：第一，面对着全球一体化发展的大趋势，我国高等院校面

对的，不仅仅是国内市场带来的巨大挑战，在全球化的发展过程中，已经被全球一体化潮流裹挟着融入了世界性的市场潮流中。具有跨文化交际能力的国际性的人才，已经成为全球范围内的一种需求，而不再仅只是某一个民族或者是某一个时间段的需要了。毫无疑问，这必然对全球各个国家与民族的高等教学提出了改革与发展的迫切要求。立足一个全球性的高度推动着各个国家高等院校进行发展与改革。第二，中外合作办学的教学模式，是以双向互利、文化平等、交流融合、共同发展为基础与目标的新的办学教学模式。[①] 现在，对于跨文化教学，已经被经济开放型国家首肯为进入国际性交流、融入国际发展态势中必要的战略性工具与手段。

面对着全球一体化发展的大的潮流与趋势，各个国家的商品、信息、服务乃至于人员的跨国界开放，促使大学生成为全球一体化发展过程中增强国与国之间交流、理解、加强合作极为有效的方法。甚至可以说，现在的大学教学，已经前所未有地成为一个国家提升综合国力的代表性标志。在当前这种多元化办学模式的作用下，各大大学都在通过多种方式方法，将派出与引入结合起来融入自己的办学教学模式当中，以更好地增强学校在世界性发展态势中的竞争软实力。越来越多的高等院校已经开始意识到，面向未来的大学人才，应该是具有全球意识与国际交往以及跨文化交际能力的人才，这一人才培养目标必然促进大学英语跨文化教学的发展，推动文化教学在大学教学中的作用。英语作为具有世界普通话之称的全球通用语言，可以说是全球先进科技文化发展的代表性成果。纵观我国在科技在世界领域的位置，令人遗憾的是，直到现在，我们依然无人能够问鼎诺贝尔科技奖。笔者认为，这并不是因为我们国家在科技领域缺乏必要的创新意识与创新能力，而是同我们对于科技创新的思想以及研究成果的英文表达有着一定的关系。

此外，无论是谁，若想将自己的研究成果得到更多的认可，就必须进行国际性的学术交流。科学工作者如此，教育工作者也不例外。否则，就无法融入国际的学术视野，得到国际同行的承认。这不仅仅是一种外在

---

① 何啟滨.大学英语教学面面观[M].北京：光明日报出版社，2022.

的交际形式，更是一种思想、一种学术思维的融汇与交流。而英语作为国际交流的主要工具手段，顺应这一大的国际性的交流需求，在学习英语的同时，必需的文化学习也是非常必要的。英语只是一种交流的语言工具，文化作为思想的承载，才是交流的内核。因此，在大学英语教学过程中，就需要对文化教学进行强化与突出。从而使作为文化载体的英语，能够在国际性的交流与合作当中真正地发挥其传播媒介的作用，能够将不同地域、不同民族的文化在语言的交流中得以沟通、认识、传播，真正发挥出语言的交际功能，来推动我国文化、科技的国际性交流与合作。而且，根据跨文化交际实践的经验总结，在我国的大学英语教学过程中，应该注重多采用比较研究的方法来进行教学，以此更好地开阔学科视野，增强其交叉学科的融入性，在对学生进行大学英语语言文化知识教学的同时，有效地加入有关人文学科的相关知识内容，使我国的各所大学能够增强其彼此之间、学科专业之间的相互沟通与交流合作，彼此之间相互增补。在我们的大学英语教学过程中，将外语的语言教学同文化教学更为有效地彼此融合成一个有机的整体，使我们大学高等教学培养出来的人才朝着复合型人才的方向发展，使大学英语的跨文化教学能够真正地在国际交流与人才培养方面发挥其应有的作用，共同为促进我国社会经济的飞速发展做出应有的贡献。

基于此，无论是我国的高等教学部门，还是各大高等院校，对于跨文化教学，都应予以足够的重视，使我们高等院校培养出来的人才，既能够充分地掌握跨文化交流中交际对象的民族文化，在交际中减少因为文化而发生的矛盾冲突，同时，还具备相当的本民族文化传统的深厚底蕴，并且能够用目的语言对本民族文化在世界范围内进行传播，使更多的国家与民族、使来自全国各地的不同语言群体都能够对我们本民族的优秀文化传统有着较为深入的理解与认识。这才是我们进行跨文化交际的真正目的。在此基础上，我国的各大高等院校还有着另一项使命，那就是在进行跨文化交际教学的过程中，能够正确地引导学生掌握不同民族与国家之间存在的文化差异性，在认识、尊重、接受文化差异性的同时，能够冲破差异性的障碍，认识到差异性存在的背后，其实是语言共同性规律的作用。只有更好地认识并且掌握了这种差异性背后的语言与文化存在的共同性本质规律，我们才能够真正地掌握一种语言及其背后所蕴含的文化。这样的人才，才是我们在激烈的世界综合型人才竞争中所需要的、具有创新意识与创新能力的人才，也只有这样的人才，才能够在世界新的文化格局中发挥出跨文化人才所应有的作用。

面对着正在一体化发展的世界新的格局的形成，跨文化人才的培养，是我们各高等院校极为迫切的教学任务。但是，有一个不得不公认的事实，那就是外语教学中跨文化教学，首先必须承认不同语言群体之间存在的巨大的文化差异性。而且，在现实的世界范围内的跨文化交际中，因为文化差异性而导致的交际矛盾与冲突，仍然是不可避免时有发生的事实。而解决跨文化交际矛盾冲突发生最为有效的方法，就是大学英语的跨文化教学的培养。通过多种行之有效的跨文化教学方式，使学生们能够对不同的民族文化之间存在的差异性有着一定的认识与理解，并且在跨文化教学过程中，培养学生们的尊重异域民族文化传统、形成包容、开放的跨文化意识，从而在进入跨文化实践中能够更好地为增进国际的认识与理解而努力。对于这一切，每一个国家的高等院校都肩负着不可推卸的责任，这是时代赋予高等院校的使命。因此，我们的高等院校教学，应该责无旁贷地承担起为增进国家与世界其他民族之间交流与沟通而培养跨文化交际人才的责任，这是各大高等院校面向未来教学迎来的教学国际化发展的新的态势。所以，在我们的高等院校教学中，有效地融入大学英语的跨文化教学，并且对此给予应有的关注与重视，转变传统的教学模式与教学理念，积极采取行之有效的措施，为培养跨文化交际人才做出高等院校所应有的贡献。

第二节　大学英语跨文化教学的目标

一、跨文化教学的理想目标

教学，是对人类社会实践性最好的培养方法与手段。跨文化教学，则是对不同语言群体的人的社会实践性进行培养。而面对着国际化教学发展的新的趋势，跨文化教学培养人才的最佳的理想目标就是能够通过跨文化教学，引导着学生突破因为语言民族文化的差异性而产生的误会矛盾冲突，扫除不同文化群体之间存在的壁垒，尊重文化差异性的存在；能够通过跨文化教学，对于不同种族之间存在的、因为成长的文化背景不同而导致的不同的生命个体的差异进行尊重，并且以此更好地实现人权观念；通过跨文化教学，使学生能够更为深入地理解认识到不同的群体都拥有着平等的利益分配权，每一个生命个体都有选择自己所喜欢的生活方式的权利，对此，我们应该给以应有的尊重。若是放在具体的点上来进行阐述，那就是我们实行跨文化教学。首先，就是通过跨文化教学，培养学生们的开放的心灵与思想意识，使接受跨文化教学的每一位学生都能够具有一种开放、包容的跨文化思想与观念，能够敞开自己的心扉去聆听来自不同文化背景的人的不同思想与观点，能够用开阔的心胸去包容不同的观点与立场，能够用宽广的胸怀去接纳不同文化价值体系的思维价值观念。其次，还可以培养学生对自我的宽容与包容，能够对自身的潜力进行深入的挖掘，努力开发自身潜在的创造能力，并且积极培养自我的跨文化交际能力。

二、跨文化交际教学的基本培养目标

培养学生具备一定的文化意识，这也是我们大学英语跨文化教学的一个培养目标。也就是通过对英语的学习，能够使学生对异域民族文化有着更好地认识与理解，从而从多个方面、较为深入的层面培养学生们的文化理解能力，从而让学生们在对不同文化进行对比的过程中提升自我的文化分析鉴别能力，以此为学生提高跨文化交际能力、解决处理跨文化交际实践中的问题做好理论思想的准备。在我国教学部最新修订的《大学英语教学大纲》中对于大学英语教学的教学目的有着极为清楚的规定，那就是：大学英语教学在重视培养学生语言能力的同时也要重视培养学生的语用能力，跨文化交际能力和社会文化能力。对于跨文化教学的强调与重视，无论是在大学高等教学的专门的专业性学习中，还是在大学英语的公共课教程中，都有着相关的规定。因此，在大学英语教学过程中突出强调对于学生跨文化交际能力的培养以及对其文化素养的有效提升，这是时代发展与社会进步对受教学者提出的客观要求，我国的各大专科院校有效地整合英语教学大纲规定的教学目标，并结合大学英语教学实践，从理论到实践来提升大学英语跨文化交际能力的现实效果做出自己应有的努力。

大学生跨文化交际能力的提升，需要我们的各大高校在进行大学英语教学的同时，必须将文化教学融入语言教学当中，使语言与文化教学成为一个有机的整体。[①] 在此过程中，教师能够结合语言教学内容实际采用比较研究的教学方法，在大学英语教学的过程当中，适时地引导着学生们通过对目的语言民族文化同本民族的母语文化进行比较分析，来认识目的语言民族同母语民族之间文化价值取向、思维方式、风俗习惯乃至于集体性格等方面存在的差异，从而在对本民族与异域民族文化的差异性对比中更好地提升学生们的文化素养，培养学生们在跨文化交际中所应具备的与不同民族、不同文化背景的人进行交流沟通时避免文化矛盾冲突的能力。可以说，跨文化交际能力的培养，已经成为大学英语跨文化教学的一项重要的目标。其具体目标如下：

(1)对大学生面向社会更进一步深入学习英语以及目的语言民族文化能力的培养是大学英语跨文化教学的培养目标之一。任何一种语言的学习，都是一个循序渐进不断深入的学习过程，无论是对英语的学习，还是英语民族文化的学习，都需要学生在不断地学习过程中来逐步地感受领悟，其中，包括自学，这是一个没有终点、持久学习的过程。学生只有能够自己积极主动地学习，才能够跟上时代、社会发展的步伐，从而有效地提升自我对于时代与社会的适应能力。

(2)大学英语跨文化教学的培养目标还包括对学生文化理解能力与文化背景知识能力的培养。在学习英语的过程中，必然要遇到一些深蕴着英语民族社会文化背景知识丰富含量的词语及典故，对这些词语要进

---

① 高玲. 大学英语教学应用与教学策略研究[M]. 长春：吉林出版集团股份有限公司，2022.

行充分的利用，引导着学生透过词语去理解认识深蕴在语言背后的文化意义，是我们大学英语跨文化教学的基本培养目标之一。

(3)对于学生的跨文化交际能力的培养，也是大学英语跨文化教学的培养目标之一。我们都知道，这是一个全球化激烈竞争的时代，我们的大学生即将面对的是世界性的竞争。特别是伴随着我国综合国力的提升，和不同国家与民族之间交际的频繁发生，跨文化交际能力，已经成为一个人面对时代发展大势所应具备的竞争能力之一。面对着庞大的社会潮流与时代前进的步伐，较强的交际能力，就显得尤为重要。

(4)培养学生面对外来文化所应持有的客观、公正、包容的态度，也是我们进行大学英语跨文化教学的目标之一。在大学英语跨文化交际教学的过程中，尽量为学生们创建跨文化交际的实践性情境，引导学生在较为真实的跨文化情境中去感受异域民族的文化，去认识与理解目的语言的民族文化，并且能够较为充分地掌握语言与文化的运用，在此基础上做出自己的判断，进行分析鉴别，能够区别其中的精华与糟粕，取对方之长，补己之短。这对于大学生面对跨文化交际发展的国际态势，具有十分重要的现实性意义。

(5)对于获取异域民族文化信息能力的培养，也是我们大学英语跨文化教学的培养目标。随着互联网等各种高新技术的发展，获取各种信息的渠道极为宽泛。除了传统的报纸、刊物、书籍等纸质媒介之外，各种影视、录像、电脑网络等有声有色的工具，也为学生们学习英语以及了解英语民族的文化提供了极大的便利，是极为便利的方法与途径。这就对大学生们获取信息的能力提出了要求，要具备一定的文化自我判断鉴别能力以及获取的途径方法的操作能力，都要有自我的判断与决定。

第三节　大学英语跨文化教学的显性与隐性路径

英语语言不是学习的目的和对象，而是学生获取知识，进行专业学习的手段，学生通过使用英语，不仅学习相关知识、开展各种学术活动，同时巩固和提高他们的英语基础知识和技能，使其语言能力得到进一步发展和完善，这样语言学习和专业学习得到完美的结合。这种学习方式即双语教学模式。具体地说，大学英语教学应该在中小学英语教学的基础上，以专业英语学习为中心任务，采用双语教学的形式，培养大学生应用英语进行专业学习和研究的能力。目前广泛使用的文化教学方法有以下几种。

(1)文化讲座。将不同文化主题构成一系列的文化知识以讲座的形式传给学生，有利于学生进行系统的文化知识学习，但不足在于讲座多以灌输形式讲解，学生缺乏体验感，而且大量冗长的讲座往往会使学生感到无趣。

(2)关键事件。选用不同文化背景的交际双方之间所产生的，具有典型、代表意义的失败案例进行描述，然后分析误解产生的原因，帮助学生了解两种不同文化在某个方面的不同期望和表现，这非常能够刺激学生在分析案例和原因时进行思考，有利于跨文化敏感性的培养。

(3)文化包。教师向学生讲述本族文化与目的文化之间的某个本质差异。教师主要是通过各种教学手法向学生呈现差异的具体表现，然后提出若干问题由此展开讨论。

(4)文化群。由讨论同一文化主题的若干文化包组成。例如，可以将美国节日这一文化主题细分成圣诞节、感恩节、万圣节、复活节、情人节等若干个子题，每个子题可以设计成一个或多个文化包，供学生在课堂上讨论学习。这种方法非常有利于学生全面、系统地学习英语文化。

(5)模拟游戏。学生通过模拟游戏感受一些自己尚未经历过的情景，从中体验和认识目的语言文化。例如今年来大学校园里举办的万圣节活动，圣诞节晚会耶稣降临的表演，感恩节对亲朋好友的致谢等活动，旨在通过这种亲身体验的活动，扩大学生的视野，促进对跨文化交际的敏感性。

以上各种方法是以培养跨文化能力为主要目的，但是只要经过变通和再设计可以与大学英语教学有机结合起来，成为跨文化大学英语教学的方法。

具体来说，跨文化教学实施具有“隐性”和“显性”两种途径。

一、跨文化教学的“显性”路径

“显性”路径是独立或相对于语言学习的，较为直接的、较为系统的文化学习。最具显著性的跨文化交际教学是在语言课程之外开设专门的“文化”课程，如“英美概况”“跨文化交际学”等。这些专门开设的文化导入可具有直接性、外显性、客观性，是与“语言点”相对的“文化点”。这类课程有自己特定的内容纲要、教学目标和测试手段。在英语语言课程中进行跨文化教学和文化导入等教学活动也属于显性文化学习，因为这种“文化导入”是有较明确意图和外显内容的文化学习。从内容看，注重“有形”的文化知识：既有的文化事实、与文化有关的语言现象以及某些跨文化交际的规约；从方法看，一般采用系统讲授或结合阅读课文学习“文化点”。

显性文化教学可以给学生提供系统的，确定的文化知识，但是它的局限性在于它可能忽略那些无形的、藏匿于生活各个方面、与个人际遇关系密切的文化因素和文化特质，忽略学生实际面临这些因素和特质时的主观认识、思维过程和行为能力，忽略学生自己进行文化探究的能力与学习策略，而这些正是对个体交际者在复杂变幻的跨文化境遇中很有助益的东西。

二、跨文化教学的“隐性”路径

隐性路径的文化学习是与显性文化学习的直接、客观、系统等特征相反，一种主张以较为间接、相对分散和有较多主观参与的隐性文化学习模式。[①] 隐性路径的文化学习是伴随语言学习过程，与语言学习紧密联系和相互渗透的。这里所说的与语言学习紧密联系，不是指我们常见的在理解课文意义时对某某文化知识点的分析讲解以帮助学生理解课文，或使学生了解某个语言现象后面的文化典故以扩充文化知识，而主要是指在学习语言材料时对其中所表达的思想主题及其现实文化意义的理解与

① 高玲.大学英语教学应用与教学策略研究[M].长春：吉林出版集团股份有限公司，2022.

把握——特别是经学生自己感悟思考后的理解与把握。当一个中国学生阅读一篇英语原文课文时他就在经历一次跨文化交际，尽管这是互不见面的读者和作者之间的交际。如果教师能引导学生不但理解文本的表层信息课文讲了什么，而且还思考文本的隐含信息——课文为什么而写、为谁写和是谁写的、课文内容与自己所处的文化环境有何相关和实际意义、从不同文化背景理解课文的困难是什么，等等，那么这位学生就是在进行一种“文化”的学习，这种学习不是简单的知识传递，而是在教师引导下学生对“非结构的”“捉摸不定”的事物的主动建构与主观理解。这样的语言学习过程同时也是文化学习的过程，是思维方式和文化洞见力的学习与训练。由此可见，隐性文化教学的成功实施对语言教师的现代教学素质和社会文化敏感性与洞见力有格外高的要求。大学英语教师一定要有较强的文化意识和深厚的专业素养，结合所授内容，有目的地对学生进行文化输入。

隐性路径教学的优点在于它有利于发展学生“无形”的文化领悟力和思考力，是一种学习能力，更是一种能应付现实的、真实的跨文化交际的能力。然而它的缺点在于随课文内容零散和随机地学习目的语文化可能导致某些知识项目的缺失，而且已受到传统课堂的冲击。比如在授课时，容易走向重词汇、句法等语言形式，轻深层内涵文化的老路，因而使文化学习边缘化。有鉴于此，在我国特定的大学英语教学环境中，隐性文化教学与显性文化教学相结合、相补充是十分必要的。

无论就哪种英语文化教学方法，或就显性教学还是隐性教学的课堂教学而言，都应改变单纯灌输的方式，还应当强调，教师是实现跨文化大学英语教学的关键，故应不断提高自身文化素质和对跨文化交际教学的认识与能力。

第三章 跨文化视角下的大学英语教师与学习者

跨文化交际意识的培养与提高是大学英语教学的一个重要组成部分,可以说,英语教学的目的便是培养学生的目的语文化意识或文化敏感性,使之发展成为一种跨文化交际能力。本章主要围绕跨文化交际理论下大学英语教学中的教师与学习者展开。

第一节 跨文化视角下的大学英语教师

随着大学英语教学改革的逐步深化,传统教学模式中的教师角色和学生角色也遭遇了巨大的冲击和挑战。对教师的基本角色进行重新定位也对教师自身的成长有着激励作用。同时,增强英语教师的跨文化意识是开展文化素质教育的关键。在文化视角下,英语教师的跨文化意识很难与大学英语教学改革的需求相适应,并且产生出很多亟待解决的问题。因此,需要不断提升当前英语教师的跨文化意识,以期为教师与教学管理者提供参考。

一、大学英语教师的角色

英语教师扮演着特殊的角色,这是因为英语学科具有独特的学习方法和体系,英语教师在进行教学时需要从英语学科的具体特点出发,即教学中应该包含如何提高学生的英语运用能力,如何激发学生英语学习的兴趣和积极性,这就要求教师必须承担如下多重角色。

(一)语言知识的引导者

教师是英语语言知识的诠释者,因此首先要具有渊博的英语语言知识储备。也就是说，英语教师必须对专业知识有一个系统的掌握，并能够系统地分析出各种英语语言现象。从教师教育的研究中不难发现，英语教师需要掌握的专业知识包含理论知识、形式知识、语境知识、实践知识等。这些知识不仅包含语言形式结构的知识，还包含语音知识、词汇知识、语法知识、语篇知识、社会文化知识等具体的语言使用知识。英语教师只有掌握了这些知识，才能对语言材料、语言现象有一个清晰的剖析和阐述，也才能解答学生学习中所遇到的问题，从而使学生能够恰当理解并实现语言输出。

另外，语言技能的掌握和使用也离不开语言知识的积累。通过不同的语言形式，语言功能得以实现。无论教师采用何种教学策略，必须教授的教学内容就是英语语言系统知识及对这些知识的分析和输出。可见，教师是英语语言知识学习的引导者和帮助者。

（二）语言技能的培训者

英语教师不仅是英语语言的诠释者和分析者，更是英语语言技能的培训者。在学生进行语言学习时，对语言知识的掌握是必要的前提条件和基础，而学习语言的目的是提高和发展自己的语言运用能力。

一般来说，语言技能包含听、说、读、写、译五项。从语言的发展规律来看，听说在前，读写译其次。但是，从外语教育的角度来说，读写译在前，听说其次。这就说明，英语教学的目标是让学生具备一定的读写译能力，而听说能力是提升学生读写译能力的前提和基础。因此，在大学英语教学中，教师必须具备掌握语言技能的能力，这是一个全方位掌握的概念，是听、说、读、写、译的有机结合。如果不能掌握这些技能，教师就很难驾驭语言课程，也很难娴熟地对语言教学活动进行组织，也无法完成提升学生语言技能的重要目标。

教师还担任着英语语言训练合作者的身份。也就是说，并不是教师将任务布置给学生就可以了，还需要引导学生，参与到学生的活动中，让学生在教师的帮助，既学到了知识，也完成了任务，从而提升教师的教学效果。

(三)课堂活动的组织者

英语课堂活动是课堂教学的载体，设计合理的英语教学活动有助于提升教学的质量。英语是一门特殊的学科，有着特殊和明显的特征，因此在课堂上教师需要对英语技能进行培养和训练。而英语课堂活动是训练技能的一种有效方式。

但是，对普通大学英语课堂来说，教师可用的教具只有粉笔、黑板、幻灯片、投影仪、录音机等设备，这些设备携带并不方便。借助于这些教具，学生可以了解很多基础性的知识，对基本原理有更直观的了解和接触，但学生并没有太多的机会参与到课堂中，仍旧扮演着被动者的角色。同时，英语训练需要语言环境的参与，但是在普通的大学英语课堂中只能提供有限的教学环境，如辩论、对话、话剧表演等，学生缺乏真实的语言训练的机会，如远程对话交流、电影配音等。虽然教师发挥了活动组织者的身份，并且活动也大多都比较直观，但是这是远远不够的，很难加深学生对英语语言知识和技能的印象，也很难巩固自己的语言知识体系。

(四)教学方法的探求者

在英语教学中，教师并不仅仅是固有教学方法的使用者，也承担着新型教学方法的探求者和开发者的角色。语言教学具有很强的实践性，与教学方法关系密切。英语语言知识的分析、语言技能的掌握、课堂活动的组织等都离不开科学的教学方法。

英语语言教学的方法有很多种，如语法—翻译法、听说法、交际法、情境法、任务法、自主学习法等。这些方法都存在某些优点，也存在着某些缺点。因此，任何一种教学方法都不是万能的，英语教师需要将各种教学方法综合起来组织和实施教学，以便获得更好的教学效果。当前的大学英语教学已经从传统的以教师为中心转向了以学生为中心，强调学生的地位，这也有助于实现教师和学生的双向互动。

(五)文化差异的解释者

英语教师还充当着中西方语言文化差异解释者的角色。文化背景与文化传统不同，其价值观念和思维方式也存在明显差异。文化差异逐渐成为中西方跨文化交际的障碍。

从社会文化角度来说，语言是一种应用系统，具备独特的规范和规则，是文化要素中不可或缺的一部分。在英语教学与学习中，除了要教授英语语言知识和技能外，还需要教授文化背景知识，三者是相互促进、相互弥补的关系。

胡文仲曾指出，只学习语言材料，不了解文化背景，犹如只抓住了外壳而不领悟其精神。文化背景知识是理解过程中意义赖以产生的主要因素之一。因此，学习语言就是学习文化。中西方语言文化的差异性主要体现在社会制度、风俗习惯、思维方式以及道德价值上，在语言的词汇、篇章、结构、言语、行为中都能够体现出来。作为中西方语言文化差异的解释者，英语教师要熟知和了解中西方的语言文化及差异性，因此教师需要大量阅读中英文资料、观看中英文电影，积累足够的能够表现中西文化差异的一手素材非常必要。

在充当中西方语言文化差异的解释者的过程中，教师需要保持一种中立的态度，在选取素材上也尽量选取那些不会伤害任何文化的素材，这样有助于更好地引导学生对中西方语言文化有一个清晰的认知。

（六）语言环境的创设者

根据二语习得理论，语言环境对于语言学习有着至关重要的作用，尤其是在缺乏真实语言环境的教学中更是如此。[①] 通过创设真实的语言环境，教师可以将新旧知识联系起来，了解中西方的文化传统习俗，接受中西方文化的感染和熏陶。这比学生单独学习词汇、单独学习句子等成效显著得多。

英语语言环境的创设不仅在课堂教学中展开，在课外也应积极创设。在课堂上，教师可以利用网络多媒体技术呈现文化背景有关的资料和信息，让学生了解与西方社会文化资源接近的各类文化资源和语言环境，在

---

① 霍瑛. 多元文化视域下的大学英语教学[M]. 长春：吉林人民出版社，2021.

课外教师可充分利用网络教学平台、英语学习语料库开列书目、布置任务，引导学生大量阅读英语报纸杂志、书籍，使学生能始终置身于英语学习的环境中，不断提高其英语水平。

(七)教学测试的评价者

教学评价是大学英语教学的一个重要环节。对大学英语教学进行科学、全面、客观、准确的评估对于教学目标的实现是非常重要的。教学评价既是教师获取教学反馈、改进教学管理、保证教学质量的一个重要依据，也是学生改进学习方法、调整学习策略的一个有效手段。在未采用网络技术、网络资源之前，教学质量的评价往往只通过作业本、试卷完成。教师通过批阅学生的作业就可以了解学生对知识点的掌握情况，这对普通的大学英语教学是必不可少的。

二、对大学英语教师跨文化交际能力的培养

(一)提升专业教学能力

要想增强英语教师跨文化意识，首先就需要提升自己的专业能力。跨文化交际理论下的大学英语教学需要做到语言教学与文化教学的结合。因此，首先需要提升自己的语言能力，这也是提升跨文化意识的关键。具体而言，可以从以下途径着手。

1. 专业引领

当前，我国的大学英语教学改革正在如火如荼地进行，先进的理念只有通过研究者与骨干教师等高层次人员的协助与带领，才能促进教师的专业和素质发展。通常情况下，能够起专业引领作用的一般是教育研究的专家、行家、专业研究人员、资深教师。英语教师通过向这些人士学习，能够接触英语教学领域先进的经验、技术、思想，从而推动自身的专业化素质发展。

2. 教学实践

在新时代环境下的英语教师的教学能力提升中，实践是必不可少的。

教师实践是将教师的教学能力提升与平时的授课联系起来。在该模式中，英语教师的教学能力主要在日常课堂中体现出来，而教师教学能力提升的动力也在于日常教学实践中。只有通过日常的实践，教师和学生才能共同发展。在教学实践模式的实施中，应该对以下几点加以注意。

(1)在英语课堂中，教师往往会对课堂起着直接的影响作用，这不是外在因素能够减弱的，他们决定着学生学业表现的提高。

(2)在英语课堂中，学生是学习者的角色，而教师也是学习者的角色，因此应该对二者的共同提高予以关注。

(3)教师应该将课堂场景与社会紧密联系起来，实现英语教学、社会、个人相结合。

3. 校企合作

对于校企合作模式的分析，首先需要弄清楚“校”与“企”，“校”指的就是学校，而“企”指的就是企业或“行业界”“工业界”，因此校企合作就是学校与企业的合作。在教育领域，校企合作模式是对教育活动、改革发展情况等规律的整合和揭示。在杜威看来，学校就是社会，而教育就是生活经历，学校是社会生活的一个重要形式。因此，从杜威的观点中可以看出校企合作模式是学校与企业为了实现各自的目的，而建立的一种合作共同体。其构建的目的是实现产品研究、技术开发、教育培训、学生培训、社会服务等。在英语教师的发展层面，校企合作模式有两个基本观念。

(1)英语教师教学能力的提升需要从系统的观念和全局来进行设计，从而实现整体化的改革。

(2)要想保证英语教师能够真正实现教学能力的提升与进步，首先需要提供一个开放、自然的生态环境。

对于上述两点，可以总结出如图 3－1 所示的模式。

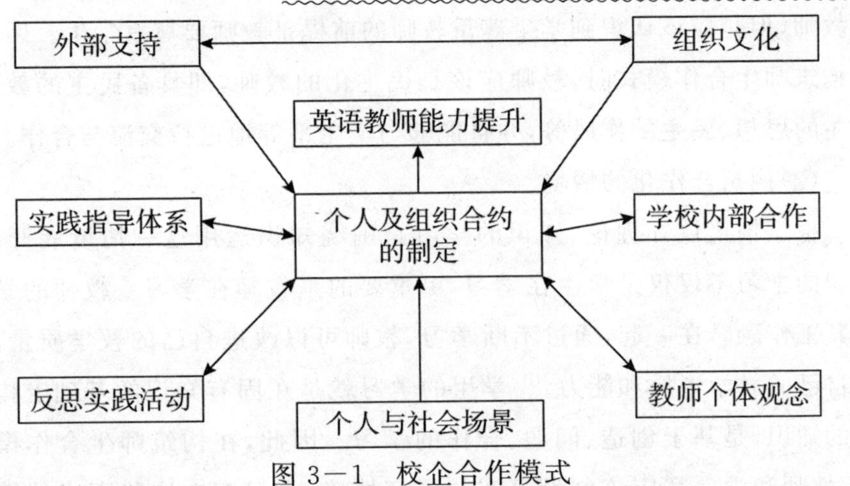

图 3－1　校企合作模式

在具体的实践中，校企合作要求学校和企业构建符合要求的高素质的专业教师队伍。这需要从以下两点着手。

(1)英语教师深入企业，进行亲身体验与实践。在企业中，英语教师可以深层次感受企业文化，从而树立企业观、市场观，也明确自己的教学目标，提高自己的教学技能。

(2)企业的高级员工去学校讲学，进一步强化教师队伍，最终实现师资共建。

4. 师生合作

所谓师生合作，是指目标相同、信念相同、理想相同的教师和学生共同构筑的合作模式。该模式包含很多层面，如教学过程、教学内容、教学目标等。只有教师和学生都积极地参与到教学活动中，彼此之间进行互动交流，才能保证师生之间实现知识共享。这是构建师生合作模式的最终目的。在构筑师生合作模式时，可以从如下几点着手。

(1)构筑民主的师生关系

就当前的师生关系来说，他们应该是平等民主的。根据民主教育思想，教师应该将学生个体的价值突出出来。每一位学生都有自己的权利、自己的尊严、自己的情感需求，教师要对学生的这些层面予以尊重，将学生的主体性发挥出来。传统的英语教学强调以教师为中心，即学生要尊重教师，但是应该认识到学生尊重教师的前提是教师要尊重学生。因此，在构筑师生合作模式时，教师应该是民主化的教师，即具备民主的教风、民主的思想、民主的作风等，并且能够与学生平等地进行交流与合作。

(2)构筑合作化的情境

根据情境认知理论，知识的学习是围绕知识运用这一情境展开的。知识的学习不仅仅是学生在学习，更重要的是教师在学习。教师的学习与其工作融合在一起，通过不断学习，教师可以改进自己的教学质量，提升自己的教学素质和能力。[①] 学生的学习就是在固有知识的基础上构建新的知识，是基于创造、问题、合作的学习。因此，在构筑师生合作模式时，教师和学生都应该创设真实的语言情境，也只有在这些真实的情境中，才能使教师、学生、教材形成一个对话的格局。

(3)构筑师生合作的共同愿景

在构筑师生合作模式时，共同愿景是所有人员都追求、认可的美好愿望，这是所有人追求的奋斗目标。师生合作意味着师生之间共同分享、参与、理解。教师和学生都知道他们正在做什么，知道所做的事情与生活的关系等。

5. 同伴观摩

同伴观摩模式是指同行业的同事之间互相进行课堂倾听的模式。在该模式下，听课的教师应该保持坦率、真正的态度，加倍关注任课教师的教学行为，而不仅仅是对任课教师进行监督和评价，既推动着任课教师的发展，也对自己的课堂教学有着一定的借鉴。当进行同伴观摩时，任课教师与其他观摩教师就该课堂的教学环节、教学问题展开分析和商讨，然后决定采用何种观摩形式，观摩结束之后，教师之间要对观摩的结果进行总结。

首先，同伴观摩对被观摩者和观摩者都具有重要意义。同伴观摩需要任课教师与观摩教师的共同参与、共同合作。对于观摩者来说，他们观

---

① 熊文熙，范俊玲，肖玲. 大学英语教学与跨文化交际能力培养研究[M]. 北京：华文出版社，2021.

摩的是同伴的教学策略、教学实践、教学效果等方面，从而找出其教学的优缺点，并将有用之处运用到自己的教学实践中。对于被观摩者来说，他们可以通过观摩者给予的建议，对自己的教学活动进行总结，从而不断改进自己的教学过程，获得更好的教学效果。

其次，同伴观摩可以避免评估观摩模式与监督观摩模式带来的不利影响。一般情况下，监督观摩模式带有浓重的监督和评估的色彩，对于任课教师的评估往往存在较大的主观性与规定性，这极大地影响着任课教师的教学展示效果。相比之下，同伴观摩就不会出现这一情况，因为他们的地位身份比较接近，进行观摩是非常容易和合理的，从而促进了教学的发展。

同伴观摩模式为英语教师的教学能力发展提供了一个平台，推动着教师向着更高层次的水平迈进。

(二)提升自身文化素养

目的语国家人们的价值观与英语的运用有着密切的关系。在进行文化交流过程时，不能将这些文化之中的价值观规避掉。在非英语环境中，由于无法进行亲身体验，所以对英语文化的学习产生了制约。随着现代科技的进步，这种不利因素得到改进。英语教师必须有针对性地通过一些音频、视频等对目的语国家的文化情境进行了解，从而使自己能够身临其境地感受英语国家的日常生活习惯、社交礼仪等，进而形成一个感性的认知，为增强跨文化意识提供有力的支持。

除了提升西方文化素养之外，还需要提升本土文化素养。跨文化交流的意识主要可以通过跨文化交流的敏感性来体现。跨文化交流必然有两种或者两种以上的文化，那么对外国文化的学习将拓宽我们的视野。一些科学家针对不同文化之间人们相互理解的可能性进行了研究，研究表明，由于全球化的互动以及人们在心理、生理层面的相同，因而人类现有的文化存在着共通成分。换句话说，人们尽管所处的地区环境存在差异性，所具备的思想意识也存在明显差异，但是他们在心理、生理上具有很多本质上的相通之处。可见，在文化学习过程中，我们需要提供本土文化素质,进而提升跨文化交流能力。

在利用英语交流的语言环境下,具有不同文化背景的交流者因为本土文化的差异使得跨文化交流变得更加多样,从而有利于跨文化交流的实现。[①] 英语教师不仅要指导大学生掌握异国语言文化,还应该为学生传递民族文化。为了实现这一目的,英语教师首先要不断提升自己的文化素质,尤其是研究如何利用英语有效地展现本土文化现象。英语教师只有具备了这一层面的素质,才能够渗透于大学英语教学之中,从而引导学生对我国文化有所熟悉,并使学生具备利用英语表述我国文化的能力。

(三)提高多元文化教育能力

在校园里,学生往往来自不同地域,有着不同的语言和文化背景。教师只有具备多样的文化知识,才能有效地与学生进行沟通,并积极采纳不同的文化进入课程,用不同文化的观点来诠释知识,完成英语背景下的英语教学。因此,在英语教学中,英语教师应该具备多元文化教育能力,这种能力可以简要概括为以下几点。

1.建构族群文化能力

在英语教学中,英语教师应该利用多种方式向学生传递不同族群的文化特征,帮助学生建构族群文化的概念、主题以及观念的能力,主要包括以下几个方面。

(1)端正自己对待不同族群文化的态度。

(2)具备足够的知识和技能。

(3)对不同族群文化的差异持正确态度。

(4)保持高度的敏感性。

(5)将教材中有关种族歧视与偏见的部分删除。

(6)通过多种方式,如网络、课外书籍等拓宽自己的跨文化视野。

(7)提倡合作学习,加强学生之间的团结与融合。

---

① 张健坤.跨文化交际英语教学与研究[M].北京:冶金工业出版社,2019.

2.因材施教能力

受民族、性别、社会阶层以及宗教信仰等因素的影响，不同文化背景的学生有其自身的经验和接受能力，这就要求教师做到“因材施教”。在英语背景下的英语教学中，英语教师要从不同的文化以及关系中更多地了解学生，注重不同文化背景下学生的个性特征，从而更好地预测和解释学生的行为方式。就教学技巧而言，英语教师应该注重不同族群学生的学习风格，尊重学生的个人价值以及尊严，同时将教育机会均等的理念和文化多样性应用到教学策略以及方法中，从而促进学生英语能力的发展。

第二节　跨文化视角下的大学英语学习者

大学英语学习者同样扮演着重要的角色，提高大学英语学习者的跨文化交际能力是大学英语教学的重要任务之一。

一、大学英语学习者的角色

(1)学习者。在学习英语翻译的过程中，学习者应积极地进行相应练习，对自己的学习负责，并根据自身的需求和现有知识的学习程度确定学习目标，制订学习计划，监控学习结果，评估学习结果。

(2)参与者。学生是翻译教学过程的重要参与者，学生的学与教师的教有机结合才能保证翻译教学的顺利进行。

(3)创新者。学生要努力成为一名创新者，积极培养发散性思维，学会举一反三。树立正确的学习观和人才观，将学习与实践相结合，树立创新意识，增强自身创新思维和创新精神，促进德、智、体全面发展。

二、对大学英语学习者跨文化交际能力的培养

(一)注重文化导入

1.文化导入的内容

关于文化导入的内容问题，学者们意见不一。有的学者主张将文化

导入的内容分为交际文化和知识文化两类。所谓“交际文化”，指的是两个文化背景不同的人进行交际时直接影响准确传递（即引起偏误或误解）的语言和非语言的文化因素；所谓“知识文化”，指的是两个文化背景不同的人进行交际时，不直接影响准确传递信息的语言和非语言的文化因素。赵贤洲在《文化差异与文化导入论略》一文中，将交际文化概括成12个方面。

（1）因社会文化背景不同而产生的无法对译的词语。

（2）因社会文化背景不同而产生的某些层面意义有差别的词语。

（3）因社会文化背景不同而产生的词语使用场合的特异性。

（4）因社会文化背景不同而产生的词语褒贬不同。

（5）因社会文化背景不同而产生的潜在观念差异。

（6）语言信息因文化背景不同而产生的差异。

（7）含有民族特殊文化传统信息的词语。

（8）成语典故、名言名句等。

（9）词语中反映的习俗文化信息。

（10）有特定文化背景意义的词语。

（11）不同文化背景造成的语言结构差异。

（12）其他因价值观念、心理因素、社会习俗等造成的文化差异。

交际文化与知识文化的区分虽然在理论上缺乏足够的依据，有交叉性太大、忽略文化项目之间相互关系的缺点，但对外语教学过程中选择关键的文化教学项目的决定有着很大的实际意义。

2.文化导入的方法

（1）注解法

注解法是当前大多数英语教材中普遍采用的方法。教材编写者将教学材料中容易引起学生理解困难的词语或表达法在课文后用专门篇幅加以注解。这种方法的优点是灵活、简便，适用于各种语言材料、各个阶段，缺点是零散、缺乏系统性。

（2）融合法

融合法指的是将文化内容与语言材料结合在一起的教学方法，如语言材料本身就是介绍目的语文化习俗、词语掌故、历史事实等。这种方法的优点是材料本身容易引起学生的兴趣，文化知识和语言知识的学习可以有潜移默化的效果，缺点是材料的选择和编排有一定的困难，尤其语言结构上的困难往往要通过简化或改写才能解决，容易影响材料的真实性。

(3)实践法

实践法指学生通过具体的语言实践，如听、说、读、写等学习和了解目的语社团文化知识，包括观察、看录像和电影、举办专题讲座等。目的语文学作品的阅读也是一种学习外国文化知识的重要方法。一个民族的文学作品是该民族文化的精华部分，是传统文化的积累。

(4)比较法

比较法是跨文化语言交际教学中的一个极为重要的手段。有比较才能有鉴别，只有通过对比才能发现学生母语和目的语语言结构与文化之间的异同，从而获得一种跨文化交际的文化敏感性。教师在课堂的语言材料的讲解中，学生在阅读目的语作品中，均可通过比较法了解外族文化的特殊性。

(5)专门讲解法

专门讲解法是指在对比学生的语言文化与目的语文化差异的基础上，选出目的语文化中较为突出的文化特征，尤其是容易引起交际困难的文化特征编成教材，开设目的语语言文化课程。

(二)加强跨文化培训

要培养学生跨文化交际能力，就要加强跨文化培训。跨文化培训是解决跨文化冲突的有效途径。跨文化培训本身也是一种学习。当前的大学英语教学偏重纯语言技能的训练，忽视了对大学生的跨文化培训。跨文化培训一般包括：对目的语文化和母语文化的了解，文化敏感性训练，习俗、生活方式等培训，跨文化交际及冲突解决能力的培训等。通过跨文化培训，全面系统地讲授目的语文化的价值观念、伦理道德、风俗习惯、法律制度等，提升大学生对目的语文化的认识和文化敏感性，使学生理解和尊重异文化，减少文化冲突。跨文化培训还包括培养大学生的观察能力和面对面交际的能力，使学生在模拟真实的环境中学习目的语文化。

1. 文化讲解

向学生提供关于目的语文化的概况知识。这是目前英语翻译教学中采用比较多，也是相对最为简易的方法。目的是提高学生跨文化认知水平。内容包括目的语文化的历史、人文、社会、制度、经济、习俗、态度等方面。学生可以从中体验文化差异，了解目的语国家的价值观，理解母语文化。例如，可以通过展示各种国外的交通工具票据、钱币、发票、照片等，让学生与中国的同类事物进行对比；收集目的语国家的报纸和杂志，然后与中国的报纸头版、杂志的封面等进行对比，发现其中反映的价值观的差异；给学生一些英语的成语，让他们讨论与汉语中成语、谚语的异同等。

2. 深度分析

教师和学生可以通过分析材料，与学生一起进行深度探讨，例如案例分析，可以提高学生观察文化差异和包容异文化的能力。还可以让学生通过角色扮演，使用英语进行各种场景模拟来强化对异文化的理解和培养自我意识，帮助学生正视文化差异，提高应变能力。学生能了解母语文化及其与目的语文化的异同，分析不同的思维方式、价值观、行为方式和准则。例如，可以提供国外的庆祝仪式、体育节目、节日庆典等影视片段供学生观察；让学生自己找出国外最有影响的报纸、电视、网络媒体；让学生在影像资料中观察国外的约会、婚姻习俗、家庭生活、购物、度假等情境，并体会其中所表现出的价值观；给学生一些失败的跨文化交际的案例让学生讨论问题出在哪里，应该如何做；给学生看国外的广告、宣传片、宣传册等，让学生找出其中的文化特色等。

3. 实际体验

可以师生互动，也可以让大学生与外籍教师和留学生互动，模拟亲身体验，提高大学生对异文化的感知度，同时察觉自己母语文化中习以为常但不被异文化接受的行为，培养大学生的移情能力，能应对不同文化和及时解决文化冲突，提升跨文化交际技巧。例如让大学生采访在华的外国人，写出自己的感受；分析真实对话中外籍人士的感叹语、如何开始交谈、如何插话、如何深入交谈、如何结束等。让学生体会外籍人士的非言语交际，例如眼神、手势、身体距离等。在角色扮演和实时交际中，让学生观察外籍人士的面部表情，如何体现出幸福、恐惧、害怕、担忧、孤独等情感。

第四章　跨文化视角下的大学英语教学方法

第一节　分级教学法

一、大学英语分级教学模式探索

(一)分级教学

所谓分级教学，就是指教师把学生分为几个不同层次并以此展开针对性教学的过程。[①] 分级教学分为隐性分级教学与显性分级教学。隐性分级教学对授课教师的要求比较高，需要教师在备课时便考虑到学生群体的差异性，继而对同一个班级不同水平学生进行不同的教学与评价等。本研究范围内的分级教学指显性分级教学，即学校将原有的按专业院系所编排的行政班级打乱，将在某一学科处于相似水平的学生编排进同一班级进行学习，教师所面对的学生群体在知识水平、能力和潜力方面相差不大，可以根据每个层次学生的情况进行教学。

(二)现行大学英语分级教学模式分类

现有的大学英语教学分级模式可分为四类。

1. 三分法模式

就是按照学生的英语成绩由高到低分成三个级别进行教学，这是目前多数大学所采用的分级模式。

---

① 周友德. 分层教学，有效提高高中数学教学效率[J]. 中学生数理化(教与学)，2019(01):4.

2. 两分法之培优法模式

就是将基础好的学生分出来组成“提高班”其他学生按自然班进行教学的分级模式。

3. 两分法之帮困法模式

就是将基础差的学生分出来，另行组成“帮困班”，其他学生仍按自然班进行教学的分级模式。

4.“分级＋模块”模式

就是按学生总的成绩分成两个或三个级别，然后在每个级别内，学生可根据自己的喜好选择听、说、读、写不同模块来学习。这种模式教学由于较为复杂，目前很少有大学采用。

纵观上述四种分级模式，不难发现，所有模式的分级标准均是学生的英语成绩总分（第四种分级方法虽然考虑到了学生的技能学习需求有差异，但依据仍是总分）。目前国内相关研究均涉及上述四种分级模式，但都没有探讨其分级方法的科学性和合理性，这给教师留下了很大的思考和建设空间。在新的教育理念和教学要求指导下，探索高效、科学、合理的分级教学模式是此研究的主旨。

我国大学英语课程教学要求明确指出，大学英语教学应贯彻分类指导、因材施教的原则，适应学生个性化的发展。根据这一要求，各大学正在积极开展大学英语分级教学。分级教学使得教师根据学生的实际水平制订相应的教学计划、教学目标及教学手段，最终提高学生的综合应用能力。

大学英语分级教学模式的理论基础“i＋1”理论是大学英语分级教学最重要的理论依据。该理论认为，人类掌握一门语言的基础是理解所习得的语言，用公式表达就是“i＋1”。其中，i 表示语言习得者当前的水平，1 表示语言习得者在现有的语言知识基础上增加的语言知识。如果输入的语言知识大大超过习得者的现有水平，即“i＋2”，基础弱的学生不容易理解所输入的知识，从而失去学习兴趣；如果输入的语言知识接近或者低于学生的现有水平，即“i＋0”，基础好的学生会觉得习得的知识太简单，对学习感到厌烦。而对学生实施分级教学，就可以使同一水平的学生分在同一级别上课，使其输入的语言知识尽可能等于1，这样学生会对学习产生浓厚的兴趣，可以充分发挥其主动性和创造性。教师也能够做到因材施教，有的放矢，最终提高大学英语教学效果。

(三)分级教学理论依据及国内外研究现状分析

课堂环境的理论基础源于勒温的“场”的概念E=F(P.E)公式中的B代表人类的行为，F代表函数，即人的行为是随着环境(E)和人(P)两个因素的变化而变化的。课堂环境研究的相关文献显示，这一研究至少涉及十多个领域，从对各应变量的研究(如师生、性别、学生成绩)到使用课堂环境量表促进课堂环境的改变、推进教育创新和改革的有效性研究。

同时，国外学者对课堂环境的研究结果表明，课堂参与者对课堂环境的反应及感知对个人和集体行为有着重要的影响。当学生处于积极的课堂学习环境时，学习成绩会得到极大的提高。而且学生也更喜欢比他们现有的课堂更积极的环境。弗雷泽总结了多项课堂环境研究的结果，并使用了不同的课堂环境量表，研究结果均表明，课堂环境的感知与学生的认知和情感之间有着密切的联系。

课堂环境的质量会极大地影响学生的学习成绩，但对课堂环境有影响力的研究主要集中在自然学科的领域，即使有人文学科的课堂环境研究，也仅限于对中文课堂环境的有效性研究。[①]

(四)教学建议

1. 注意选材的难易度

在分级教学中，英语水平不同的学生对课堂认知环境有差异。高班学生对英语课堂环境持积极的态度，而低班学生的课堂认知环境则持消极的态度。在具体的教学中，教师应首先注意选材的难易度。对高班的学生可选择难度较高的题材进行学习和讲解；而对低班的学生，选材应适

---

① 熊文熙，范俊玲，肖玲. 大学英语教学与跨文化交际能力培养研究[M]. 北京：华文出版社，2021.

当降低难度，以消除学生的心理障碍，从而提高学生对课堂环境的认知度。

2. 增加对学生的关注度

在课堂教学中，教师应尽可能地帮助和支持学生，尤其是对待低班的学生，帮助他们克服消极情绪，经常鼓励和表扬他们，使他们积极地参加课堂活动。教师对学生的帮助和悉心的指导，会极大地增加学生学习的动力和信心，从而提高英语学习的成绩。

3. 语言任务的制定应考虑学生个体差异

在分级教学中，为了提高教师对学生的个体支持度，教师在具体的教学中，制定语言任务时，应考虑学生的个体差异，针对每位学生的特点规划出不同的课堂任务，认真观察学生的课堂表现，尽可能地帮助和满足学生的学习需求，让学生能够积极地参与课堂活动。

4. 课堂任务的制定应考虑学科和性别因素

文史类和理工类学生在英语学习中，对不同的课堂语言任务的表现还是有一定的差异的，所以教师在布置课堂活动时应注意不同学科学生的特点。同时，教师在设计课堂任务时也应考虑到性别因素，因为男女生对课堂认知环境的感知有着明显的差异。

分级教学对课堂认知环境有一定的影响，对不同英语水平、学科及性别的学生影响的程度和方面都有所不同。在大学英语分级教学中，高水平学生的英语课堂认知环境感知度很高，而低水平学生的课堂认知环境感受最差。分级教学极大地影响了中、低水平学生的学习积极性，给中、低水平学生的心理感受和情感造成一定的负面影响。在分级教学中，教师应谨慎考虑诸多因素，避免分级教学带来的弊端。首先应对本校学生的综合英语课堂环境进行认真的调查和分析，与学生进行良好的沟通和交流，进行正确的引导和帮助。其次应采取一些合理的教学措施，提高学生对课堂认知环境的感受，为大学英语的分级教学创造良好的课堂环境。

二、大学英语分级教学自主学习平台建设

(一)大学英语分级教学的内涵和自主学习的概念

大学英语分级教学从强调人的个性、成就与潜能的人本主义心理学观点出发,遵循教育教学规律和语言学习规律,以学生的英语基础和水平为依据,按照"分类指导、因材施教"的原则,以适应个性化教学的实际需要为出发点,力求在此教学模式下能够使学生的学习潜力得到充分发挥。自主学习是以学生作为学习的主体,学生通过独立地分析、探索、实践、质疑、创造等方法来实现学习目标。1981 年亨利·霍莱克将此概念引入英语教学领域,国内外语界对英语自主学习的研究始于 20 世纪 80 年代中后期,培养自主学习能力是社会发展的需要,自主学习能力已成为 21 世纪人类生存的基本能力。本书中的自主学习指的是一种教学模式,更具体地说,线上指的是网络环境下以"Unipus 大学英语教学平台"和"Ulearning 交互英语"教学云平台为依托,线下以小班课堂教学、小组合作学习的分级教学模式为特色,使二者有机结合,而且以线下为主的大学英语自主学习模式。

(二)自主学习"线上+线下"平台建设的先决条件

首先,在教学资源支撑及学习系统支持方面。学校应该有完善的校园网、现代化语音实验室和校园网语言学科平台。教师可引进"Ulearning 交互英语"教学云平台,增加作文评判系统、口语教学系统软件。引进考试、测试软件,平台上提供的立体化课程内容能够帮助院校构建可持续的交互式大学英语自主学习资源库。

其次,大学英语教学可采用分级教学模式,日常授课安排在多媒体教室,有统一的新视野大学英语系列教材。

课堂上运用与教材配套的课件实施多媒体教学,通过师生、生生间面对面现实交流互动完成教学。另外,大学生头脑灵活,对新事物的接受能力强。外语系教师要积极参与培训,尤其是年轻教师要熟悉教学平台及

软件的操作和使用，从而为“线上＋线下”开展自主学习奠定基础和条件。

(三)自主学习“线上＋线下”平台建设的实施方案

1.“教”

线上，教师运用“Ulearning交互英语”教学云平台和“Unipus大学英语教学平台”提供的教学计划工具，通过开放、隐藏单元和设置时间来控制学生的学习进度，教师给予学生必要的提醒和帮助。平台还提供完全开放式的课程结构，教师可以提供教学材料，设定课程的时间，限制回答问题的尝试次数。

教师也可以自行重新组织课程的教学单元，根据所教学生的特点利用在线资源编辑工具补充其他辅助的资源并逐步完善，使其成为学生线上交互式大学英语自主学习的资源库。例如，逐步完善的大学英语四、六级听力、写作以及翻译题库和大学英语四、六级线上模拟测试等。线下，教师实施以小班课堂教学、小组合作学习为特色的大学英语分级教学模式。让英语基础较好的A级班学生在三学期一年半的时间完成基础阶段的学习，再通过后续拓展性课程授课强化提高，增强学生听、说、读、写、译的能力，拓宽文化视野，为专业英语学习打下基础。而英语基础相对较薄弱的B级班学生通过学习与其实际水平相适应的课程，也能够在规定的时间内达到英语教学大纲的基本要求。教学实践中，教师充分发挥小班课堂便于管理的优势，适时开展教师监控下的自主学习，着力培养学生个性化学习方法和自主学习英语的能力。

2.“学”

线上，学生采用同一个账号，PC、平板电脑和智能手机均可以访问，多终端学习体验融合多种学习方式(PC/Pad/智能手机)，随时随地登录平台进行英语学习，自我掌控学习节奏，有效地利用碎片化时间，是真正随时随地供师生学习交流、讨论互动的自主学习环境。这有利于高效地组织和开展大学英语自主学习活动，个性化地指导学生进行探究式学习和自主学习。英语教师可在线上安排写作业、提交作业。

线下，教师可以小班课堂教学、小组合作学习以及第二课堂等相互融合的方式展开实践教学。课堂教学有利于师生面对面地交流互动，提供良好的集体学习环境和真实的学习氛围，提高了教学效率。

3.“管”

线上，基于网络的“Ulearning 交互英语”平台支持各应用院校设定自己的独立二级域名，管理自己教师、学生、班级和教学过程数据，自动形成英语教学基本状态的数据库。院校可设定自己的成绩策略、管理资源和安排考试。

“Ulearning 交互英语”教学云平台采用“云服务提供”的方式，协助院校无须任何硬件投入和维护投入即可拥有一套全面的学科教学平台。“本地存储＋云存储结合”的部署模式，保障院校资源的访问速度和安全性。线下，学校可成立由学院教学分管院长和教务处、大学英语教学部和各院系组成的大学英语分级教学指导协调小组，负责具体方案制定和方案实施过程中的协调工作。

教务处负责大学英语分级教学的指导与宏观协调，以及大学英语分级教学的教务管理。

大学英语教学部挖掘现有教师资源并进行优化整合，组成相应的教学团队，做到一课多人、一人多课，具体负责学校大学英语基础课程和拓展课程的日常教学工作。

大学英语分级教学实行动态式管理。在教学过程中，每学期结束时依据阶段性综合评定成绩进行微调，允许学生调换适合自身的教学层次。分级教学是一种激励先进淘汰落后的良好机制，其目的是鼓励学生在因材施教的良好氛围中更好地学习，取得更好的教学效果。

4.“考”

线上，教师可利用 Ulearning 及 Unipus 提供共享的试题库资源，经优化能支持上万人同时在线考试的学科测评系统，可有效节约院校学科测验的考试成本。“交互英语”平台已成功支持数十家院校开展基于网络的英语入学水平测试、期中测验、期末考试等，题型涵盖英语教学需要的听力、阅读、词汇、完形填空、写作、口语等全部类型。考试管理提供分批次、分班的考试安排，支持 AB 卷、打乱试题顺序等安全措施，能定时保存学生答题结果，能进行试卷批阅和成绩分析。

线下，A 级班和 B 级班实行分级课程考试，考试结束后由任课教师依据学生平时课堂、小组合作学习情况及第二课堂表现（占 10%）、阶段（纸质）测试成绩和期中考试成绩（占 40%），加上期末测试成绩（占 50%）综合评定学生学期成绩。在大学英语分级教学考核评价体系中，更加注重学生课堂教学和实践教学活动的参与程度，比如参加口语比赛、写作比赛、组织日常学习竞赛等环节。具体实施细节需要考察几所学校，取长补短，优化、细化各个环节，然后制定出完善的适合辽宁科技学院的大学英语课程分级教学考核评价体系。

大学英语自主学习平台使线下与线上的学习有效结合，改变了传统的学习方式和教学流程，提高了学生线上平台操作及网络信息运用的能力和水平，有助于师生角色转变，使学生学有成效，养成良好的自主学习能力。[①] 对于在校大学生综合素质的提升和毕业后未来的职业发展都具有重大意义。在实践中，教师也意识到了自主学习平台的应用推广更要有相关的管理制度做保障，而且有计划、有针对性地开展师生线上、线下的交流培训工作不可或缺。

三、大学英语分级教学管理的优化路径

（一）革新教学管理理念

教学管理理念的革新是大学教学管理创新的前提，大学英语分级教学是一种不同于传统统一化教学的新模式，不能生搬硬套传统的教学管理理念，教学管理者、一线教师应认识到只有革新教学管理理念，才能最大程度地发挥分级教学的优势。

首先，树立以人为本的教学管理理念。教育最终是为了使学生获取

① 夏凤龙，王菲菲．大学网络自主学习平台建设的探索与思考[J]．无线互联科技，2016(05)：23－24.

知识,以人为本就是要以学生为出发点和中心,在教学管理中充分调动学生的主观能动性,激发他们的学习兴趣和动力,真正从学生的角度出发开展管理工作,分级教学管理中以人为本理念的体现就是要遵循学生的学习发展规律,尊重学生的个体发展差异,充分考虑个体的实际情况,通过高效能的教学管理保证教学计划的落地实施和作用发挥。

其次,明确分级教学培养目标。分级教学秉持因材施教的原则,对不同学生的要求和培养目标存在差异,这同样是分级教学的特点之一,因此在分级教学实施过程中,无论是教学管理者还是新老教师,必须重视和深刻理解教学的总目标和每一层级的培养分目标,才能更好地把握教学的进程,提高教学质量。

最后,重视分级教学过程管理效能。分级教学是动态的教学模式,学生学业水平的上升和下降所引起的班级间、层级间的流动为过程管理带来了一定的困难,而分级教学的流动性是其内涵的重要体现,完善的流动机制是分级教学持续发挥优势的先决条件。

(二)加强课程建设的统筹管理

1.课程内容的设置

预先设置的课程内容是教学活动的主要依托,是实现教学目标的重要载体之一。首先,课程内容必须针对学生的特点而定,需要具备较强的实用性、贴合学生的实际需求,因此调整课程内容不能脱离实际,必须在充分调研的基础之上,了解学生的具体需求和学习情况,并以此为依据结合预先设定的培养目标,请相关专家研讨决定课程内容的具体安排,增强课程设置的科学性与专业性;其次,任何一门课程的学习都必须遵循循序渐进的原则,随着课程的推进其难度应当相应提升,英语的学习是积累和不断提高的过程,因此课程的难度梯度设置必须符合学生的发展规律,要求管理者和教师在实际教学过程中不断总结经验并调整课程的难度,使之既能被学生接受又能起到激发学生学习动力的作用。

2.课程目标的确立

研究发现部分学生学习动力不足,造成动力不足的原因之一便是学生的课程学习目标模糊。针对此情况，教师应当给学生以正确的引导，可以在课堂教学时明确列出本班级总体的学习目标，帮助学生给自己的学习树立具体的目标，培养他们的目标意识。或将学习目标细化，将抽象的目标具体化，有助于学生对学习的把握，同时将目标达成与否的评判标准变得更加清晰，操作性更强。

3. 课程学分的分配

针对学分设置不公平的现象，分级教学管理者应当予以重视，分级教学中各个层级的课程难度不统一，学分分配也应相应做出比例分配，可采用邀请专家对各层级的考核难度进行测量的方式，制定更为合理的学分分配制度，促进评价的公平性，发挥学分制度对学生学习的激励作用。

4. 课程教材的选用

分级教学管理者应充分听取各方意见，在知晓学生实际需求的前提下选取对学生实用性较高的教材，同时注意教材内容的时效性，在网络媒体发达的今天，学生能够从各种渠道获取知识，这些渠道提供的信息具有较强的时效性并且内容更加丰富多样，但是常常以碎片化信息的形式出现，不利于学生系统地进行知识的吸收。管理者在选用教材时应该避免使用老旧教材，应从学生的学习需求出发，筛选出能够培养学生系统知识的教辅材料。

5. 课堂教学的管理

课程建设的内容丰富、专业性强，为了更好地实现对课程建设的统筹管理，大学应建立一支经验丰富的教学管理团队，提高课程建设管理的效能。

(三)加大教师培训力度

教师是教学过程的主导，是教学计划的主要执行者，新教学模式的顺利推行必须加大对教师的培训力度。

首先，要加强师德建设。关爱学生、尊重学生是师德建设的重要组成部分。分级教学制度下，依据学生对知识的掌握情况和学业成就水平，为了满足不同学生的个性化学习需求，减轻由于学生水平差异化带来的教学压力，将学生分别编入不同等级的班级当中。虽然分级的标准是学生的学业成绩，但教师在面对不同班级的学生时应做到同等对待。分级教学制度下不同班级层次的学生存在不同的学习需求，而对于学习需求较大的班级，教师更应该发挥所长，做好本职工作，帮助学生提高成绩。从分级教学管理者的角度，应当在课程实施之前对教师进行师德意识的加强培训，可通过开展研讨会等形式，促进教师树立正确的教学观，强化作为教师的责任感。从教师自身的角度出发，应充分理解分级教学的内涵，分班并不是将学生分级，而是将他们不同的学习需求分级，切不可将个人的主观判断代入教学中，影响学生的学习积极性。

其次，提升教师的专业素养。分级教学制度下，教师的专业素养应该体现在课程实施的每个环节。第一，分级教学改变了以往“一刀切”的教学观念，学生的学习需求更加具体与细化，这就要求教师必须准确把握授课对象的学习情况，并据此调整自己的教学方案；第二，由于班级内部学生的水平差异减小，对课程进度安排的压力相应减少，但与此同时要求教师对学生的学习掌控能力更强，对教师专业素养的要求更高。从分级教学管理者的角度出发，为了更好地推进新的教学制度，必须从各方面对任课教师进行再次培训，加深他们对于分级教学制度的理解，同时应召集教研人员、一线教师制定各级别的具体课程进度安排，为总体的课程进度展开把握方向。对于一线教师而言，总体的课程安排并不一定适用于实际教学活动的全部环节，因此在课程实施过程中，要根据每一阶段的课时安排，兼顾实际上课情况，及时调整自己的课程进度，保证课程实施符合学生的发展情况。

针对教师的培训可采取以下几种方式。

(1)专题讲座形式，邀请有经验的分级教学教师、专家开展专题讲座，分享有关分级教学管理的理论和实践经验。

(2)短期培训进修模式，组织分级教学教师、管理者参与相关进修班，系统学习分级教学的理论体系，为实践工作提供启发。

(3)校际交流学习模式，组织分级教学教师、管理者与其他学校的教职员工进行交流、学习，通过实地考察与研究进一步丰富自身的分级教学管理知识。

(四)规范学生管理制度

大学生虽然具备一定的自我管理能力，但为了保证教学质量的提升，仅靠学生的自我管理意识远远不够，教学管理者同时必须依照学生管理制度对学生及其学习进行合理控制。笔者根据大学英语分级教学的特性及研究中总结的问题，现提出以下优化路径。

1.适当增强分级教学班级间流动性

分级教学的特点在于分班，如何实行好这一制度，关键同样在于分班的具体操作。分级教学的有效实施必须配合一定的班级间流动比例来进行。但过量的流动比例会带来其他方面的学生管理问题，此情况下便要求分级教学管理者具有较高的管理水平，需要对学生的总体情况进行调研，综合考虑学生的学习成绩、自主意愿等因素，为每一级别的向上、向下流动设置合理的流动比例，发挥分级教学的巨大优势。

2.加大对学生自主学习管理的力度

相较中小学阶段，大学生具备更强的自主学习能力，大学同样普遍强调培养学生的自主学习意识。笔者发现学生在大学英语方面的自主学习意识并不强，学校没有足够有效的途径对学生的自主学习进行控制，针对以上两点，提出如下建议：第一，教师帮助学生树立自主学习意识，可通过布置需要自主学习才得以完成的作业，督促学生进行课后的学习，同时养成自主学习的习惯。第二，学校提供更多自主学习的渠道和平台。目前专为学校提供的线上自主学习平台种类丰富，功能齐全，在条件允许的情况下，管理者可以考虑投入使用这些平台，加大对学生自主学习管理的力度。

3.强化对学生的纪律管理

纪律意识是需要培养的，大学阶段对学生的约束较之中学少了许多，一些学生松懈下来便淡泊了自己的纪律意识。逃课、旷课现象在大学生中已成为常事，不少教师通过点名的方式对学生进行管束，这种方法的确取得了一定效果，但是对于人数众多的公共课而言，每节课进行点名并不可取，学生应对教师点名的方法也层出不穷。实施分级教学的班级中，学生可能来自不同的专业不同的班级，导致集体意识降低，纪律意识随之下降，此时对学生的纪律管理提出了更大的挑战。从直接对学生进行管理的教师层面来说，可以借助某些线上大学课堂考勤管理工具，便捷地掌握学生的考勤情况；另外可以采取课堂布置、收取作业的方式，既能了解学生的出勤情况，又能对学生进行课堂检测。从管理者的角度出发，需制定更为完善的学生纪律管理制度，实行有效的奖惩机制，对学生的行为进行合理约束。

(五)完善评价体系

客观、有效的评价体系能够准确测量学生的课业情况，为教学管理者提供参考的同时能够对学生起到激励作用，笔者结合研究中大学英语分级教学评价体系所体现出的不合理情况，提出以下优化路径。

1. 合理设置考试难度

考试既能反映学生的学习情况，测试结果又能对学生的学习起到反向激励的作用。在提倡过程性评价的今天，依然不能忽视考试这种终结性评价的作用。分级考试制度下，原先一张试卷的情况不复存在，每一级别的学生都将在为本层级设计的试卷上作答，终结性评价的个性化较之前更强。但同时，试题设计者要综合考虑各方面因素，合理设置考试难度，充分发挥考试的区分功能，为学生的流动提供准确参照。

2. 增强成绩评价的合理性

目前许多大学对学生的评价均采取过程性评价与终结性评价相结合的方式，这种方式普遍受到教师和学生的青睐。但研究中发现过程性评价出现流于形式的情况，评价指标本身具有科学性并且具体化，但在执行过程中可能无法完全按照指标要求进行评价。针对此情况，分级教学管理者需要向教师着重强调过程性评价的功能性和重要性，在分级教学中，学生学业成绩的上下浮动意味着其可能流动到其他班级，要求严格按照评价指标对学生进行评价，从某种程度上更能保证评价的科学性。对于教师而言，过程性评价应贯穿教学的始末，渗透教学的各方面，同时注意不能根据自己的主观想法对学生进行评价，必须深入理解过程性评价各指标的内在含义，对学生进行客观、全面的评价。

第二节　“混合式学习”教学法

一、“混合式学习”教学法的基础理论

（一）相关概念的界定

1. 混合式学习

混合式学习就是在具体的课程教学设计中以学生为中心将不同的学习环境、学习方式和学习组织进行整合，学习技术适应学习风格，发挥学生学习的主观能动性，使学生的学习活动达到良好的学习效果。

2. 混合式教学模式

所谓的混合学习，是将传统学习方法的优点与电子学习（即数字或网络学习）的优势结合起来。也就是说，在混合教学中，教师有必要发挥其在指导、启发和监督教学过程中的主导作用。它还反映了学生作为学习过程主体的主动性、积极性与创造性。① 混合的方式是多维度的，不是简单的线上和线下教学的相加，既包括网络课程与传统课堂教学的融合，它还包括各种学习理论的混合，还包括网络课程和线下课堂教学在教学组织、教学方法和教学环境中的整合。混合学习不管是以面对面教学为主导，还是以网络课程为主导，其目的都是将二者的优势进行结合。

（二）理论基础

1. 建构主义学习理论

建构主义，也称为结构建构主义，最初由瑞士心理学家皮亚杰提出。

---

① 杨姗姗，龙秋菊. 基于在线直播课的大学英语“线上线下”混合式教学模式研究[J]. 百色学院学报，2019(06)：135－140.

建构主义认为，学习是基于原始知识和经验，在特定的社会和文化环境中，在其他人(包括教师和学习伙伴)的帮助下学习的学生，积极处理信息处理，构建知识意义的过程。在建构主义知识方面，知识是对客观存在的一种解释，随着认知的不断提升而发生改变的。在学习方面，建构主义认为学生应该是中心，学习是教师帮助学生建立和积累学生自身知识的过程。在建构主义学习环境中，相信学习活动过程中学习环境的建构有利于学生的学习内容。

在建构主义的指导下的混合式教学模式，教师在整个课程环节的组成，学习环境的搭建，课堂形式的组织方面进行针对性的设计，个性化和最大限度地提高学生学习的积极性和主动性，帮助学生最大限度地提高学习内容的知识构建和积累。

2.人本主义学习理论

人本主义学习理论建立在自然人性理论的基础之上。其重要的代表是马斯洛和罗杰斯，他们创立了“以学生为中心”的教学理念。学生是学习活动的主体，教师在认识中起作用，即帮助学生学习。人本主义学习理论认为，教学目标是在追求知识，培养学生学习能力，实现“有意义地学习”的过程中。人本主义学习理论认为，教学理念是教师的任务。真诚地对待学生、尊重学生的意见、是学生的朋友，开展个性化的教学活动。①

在基于网络课程的混合教学中，以学生为中心的网络课程资源与传统课堂教学的整合，根据学生的能力教学，为学生提供个性化的学习资源，关注学习过程的各个方面，培养学生的学习能力。

3.认知主义学习理论

认知主义学习理论认为，学习的本质是外在和内在心理相互作用的结果。它与行为主义学习理论的最大区别在于对内部条件对学习效果的影响的肯定。关注学生的内部条件，并认为学习过程是学生积极开展复杂信息处理活动的过程。加涅提出了9个教学步骤，以唤起学生的兴趣、

---

① 张媛.人本主义学习理论对我国教学改革的启示[J].现代商贸工业，2016，37(08)：171.

注意力,并告知学生他们的学习目标。刺激回忆前学到的内容并呈现刺激性材料,类似于现代教学的新方法。为学生提供学习指导,引导学生的学习行为,提供行为正确性反馈,及时评估行为。认知主义学习理论符合以学生为中心、以教师为主导的教学理念。[①]

在基于网络课程的混合式教学中,教师应在课程设计的各个阶段,包括课前预习、课中学习过程与课后复习阶段,有针对性地对知识点进行教学和指导。

二、大学英语"混合式学习"教学法的内涵

(一)混合式教学模式的特点

传统的大学课堂教学以教师为主导,对教学内容、场所及时间存在一定的局限性。而混合式教学模式则在传统的教学模式上有机地融入了以学生为导向的网络教学,二者相辅相成,实现了资源上的优势互补,更加全面地提高学生的积极性和课堂参与度,发挥学生的主观能动作用,实现新时代大学生创新应用能力培养的目标。大学混合式教学模式主要有以下三个特点。

1. 教学理论的混合

大学中混合式教学模式的构建受到多种混合式教学理论的指导。这体现在以下两个方面。一方面,指导混合式教学的不同理论各有其优点和缺点,在教学中起到的具体作用也不尽相同,要求大学教师应了解并熟悉各种教学理论的真正内涵,从对"教"与"学"两个层面的指导作用,认真进行归类划分,然后在教学实践中,依照不同的教学时间、目标、阶段和风格,采用相应的教学理论来进行指导,既充分发挥了教师对教学的主导作用,又能激发学生自我认识意识,发挥主观能动作用。

另一方面,各种教学理论之间的作用并不是互相对立的,而是互相关联、相互促进的,对教学的作用也必然存在交集部分。大学混合式教学体

---

① 阮文平. 九段教学法在初中化学中的应用[D]. 昆明:云南师范大学,2015.

系的构建必须着眼于实际的教学，结合大学学生身心发展的现实特点、不同课程的特点和教学大纲、师资队伍的实际混合教学能力和具体院校的教学环境等多种限制因素，这样才能使混合式教学模式在大学应用人才培养中的推进作用得到最大化的发挥。

2. 教学资源的混合

大学混合式教学模式中的教学资源丰富且多样，在实际教学中其混合形式有以下三个方面的体现。

(1)教学内容资源的混合

时代发展的新时期，社会对应用型、技能型的人才需求不断扩大，作为孕育时代人才摇篮的大学，整合型、多样化人才的培养必须得到重视。在大学混合式教学模式中，教师提供给学生的不能仅仅局限在单一学科的传输，更应注重构建资源发散、条理清晰的知识体系。

(2)教学资源表现形式的混合

混合式教学模式中，多样化混合型资源的表现形式应顺应学生认知的一般规律。在教学活动中，知识的呈现方式不仅仅局限于书本和黑板等固定化、静止化的形态，而是随时随地皆可学。而混合式教学模式则结合了传统和新型的知识呈现形式，能够最大程度地满足当前学生的资源需求，实现个体的可持续化发展。

(3)教学资源整合的层级化

林志斌教授在“高等教育的混合式学习”中提出了教学资源的整合程度可分为轻度、中度、高度三个级别。资源的轻度混合是指在不改变原有教学活动原则下，只是在此基础上加入些许额外的混合元素；中度的资源混合是替换掉原有的教学方式，而采用混合式教学的活动方式；高度的资源混合是基于网络课程，构建混合式教学模式，从根本上进行教学活动的创新型设计和规划。大学在混合式教学的实践中需注意集中教学资源的优化，避免重复、浪费及无系统性等整合问题。

3. 教学方法的混合

大学混合式教学模式以网络课程、网络教学平台或者有利于师生互动的其他载体为中介，将各种优势教育元素相结合（大学师资队伍、教学资源、网络课堂平台等），形成以网络课堂为基础的混合式教学模式，有效衔接学生线上与线下学习，减轻当前大学师生的教学重担，使混合式教学效果得到最大限度的优化。

（二）基本原则

应用型本科院校不同于其他大学，其目标是培养顺应时代，具有良好职业素质和实际应用能力的复合型人才。基于网络课程混合式教学模式在应用型本科院校的教学应遵循双主体性、针对性和可持续发展性三个原则。

1. 双主体性原则

应用型本科院校一直以来沿用传统的教学模式，教学活动的主导者是教师，作为教学主体的学生，未能受到充分重视，其主观能动作用也不能得以充分发挥。而近年来兴起的慕课、微课以及在线课程等网络课堂学习模式则过于重视学生的主体地位，而忽略了教学活动中教师的主导作用，教学效果也不理想。基于网络课程的混合式教学着眼于师生共建的双主体作用，科学地融合了教师对教学活动的主导作用和学生对任务活动的主观能动作用，二者相互促进，共同成长。教师的主体地位贯穿整个教学环节，包括线上网络课程和线下面授课程的设计、内容、实践活动等各个教学活动都需要课程教师科学正确的组织引导。混合式教学模式下，学生再也不是知识学习的被动接受者，其主体地位得到了充分的肯定和尊重，极大地促进了学生的学习热情和自我创造力的培养。[①]

2. 针对性原则

基于网络课程混合式教学模式的构建必须遵循针对性原则，具体有下列三个层面：一是针对应用型本科院校学生的现实状况设置课程。这类大学生思维活跃，对新鲜事物的接受能力较强，但意志不够坚定，易受

---

① 刘斌．基于在线课程的混合式教学设计与实践探索[J]．中国教育信息化，2016(11)：81－84．

外界环境影响。教师需要根据具体课程的特点,进行正确的引导。[①] 二是具有时代针对性。顺应时代发展,根据新时期的时代特征和具体院校的现实条件不断充实教学资源。课程设计方面也应注意与时俱进,符合现实社会发展的主题引起学生的学习兴趣和情感共鸣。三是针对不同层次的学生进行个性化的层级式教学。不同学习对象,由于其生长环境、教育背景及认知水平等不同程度的差异,传统教学过程中的"一刀切"的原则并不适用。基于网络课程的混合式教学结合了网络课程知识的发散性和传统课堂的直观性,使得不同层级的学生的主观能动力都得以充分发挥,有所进益。

3. 可持续发展性原则

基于网络课程混合式教学在应用型本科院校的构建应遵循可持续发展的原则,即混合式教学模式在实际教学过程中应指导和促进学习主体综合素质能力的可持续性发展。党的十九大以来,国家和社会对21世纪的人才培养提出了更高的要求,新时期的人才不仅要具有扎实的专业知识和技能,更应具备更为开阔的国际视野,现代信息技术素养力、较强的主观能动力和大胆的创新精神。教师在进行基于网络课程混合式教学活动时,应明确其终极的教学培养目标是学生可持续、全面的发展,注重教学环节中学生的主动探索,积极思考,扩大视野和自我获取,培养其运用现代科技手段获取信息、评估信息和利用效能信息的能力,从而树立科学合理的学习习惯和方法,培养学生的创新意识和动手能力,让高等教育实现从"知识习得"层面到"素质教育"层面的转变。

(三)构成要素

随着信息通信技术在大学教学中的影响不断扩大,人们已经意识到传统课堂的局限,开始转向线上的网络课堂。大量的网络优势资源和新型的教学模式吸引了众多研究者和学习者的关注。但与此同时,网络课

① 金贵朝. MOOC支撑下的混合式教学模式研究[J]. 中国教育技术装备,2015(02):8-10.

程的高翘课率、低完成率以及“刷课”之风盛行等问题层出不穷。在网络课程的基础上构建混合式教学模式，旨在将传统教学和网络课程进行优势互补，对教育活动中的“教”与“学”起到指引性的作用。[①]

1. 学情分析

在混合式教学模式中，学生是教学活动的主体，教学效果直接影响着活动主体学习效果。[②] 为此，教师在进行混合式教学前需要对学生的特点进行综合性的分析，明确具体课程的教学重点、难点，采用更加行之有效且具有针对性的教学。学情分析是课程教学设计中重要的环节，直接影响着混合式教学的成功与否。学情分为三个层面，即学生的初始能力、普遍学习特征以及学习风格。在分析过程中首先通过调查问卷和访谈调查的形式明确学生初始的知识构架；其次采用座谈、观察等方法掌握学生的普遍学习特征；最后通过观察、问卷等方式归纳总结其学习风格，进行教学反思。

2. 教学设计

高等教育尤其是应用型本科类院校因其本身以职业胜任力和实操能力为导向的课程占有很大的比例。需要在学情分析的基础上为每一门具体课程进行教学安排，以满足对学生进行知识内化和应用能力培养的需求。教学设计是混合式教学模式实施的重要基石，教师需要提前进行计划安排，如课程内容选择、进度安排、时间要求、专业区分、学生人数、师资队伍配备等。其中重点是需明确所授课程是否适合混合教学，改革到什么程度，实施条件等问题。根据已有的研究和本书的调查可知，语言类及社科类的学科较为适合使用混合式教学模式，而对于不适合混合教学的学科，如数学等，不能生搬硬套，要根据实际的情况而定。

3. 教学资源

传统教学模式下，教师对于教学内容准备方面资源较少，基本上集中

---

① 周雨青，万书玉，“互联网＋”背景下的课堂教学基于慕课、微课、翻转课堂的分析与思考[J]. 中国教育信息化，2016(02)：10－12＋39.

② 刘斌. 基于在线课程的混合式教学设计与实践探索[J]. 中国教育信息化，2016(11)：81－84.

在课本、相关参考书籍和现实生活的例子，通过讲授的方式来实现学生对所授知识的理解。而混合式教学则在此基础上，融合了网络优质课程、线上自主学习、小组合作及任务活动等混合式、全面的教学资源，这样就需要教师提前筛选网络教学资源来与传统教学内容相结合。大数据时代背景下，可用的网络教学资料与日俱增，十分丰富，主要包括教材、教辅，媒体素材、网络题库、网络课件等。

4. 教学能力

基于网络课程的混合教学中，教师的作用和职责是多重的，不仅仅是授业解惑，还要兼具课程教学计划，网络自主学习的管理与监督，作业指导以及任务活动的发布、组织交流与评价等多种重要教学能力。教师的首要职责是为学生提供有效的教学资源，引导其进行自主化、探究式的学习，协助学生进行系统化的知识学习与建构。基于网络课堂的混合式教学对教师的教学能力提出了更高的要求，需要不断在教学过程中积极反思，提升教学能力。

(四)模式说明

信息技术的迅猛发展，对高等教育教学的影响与日俱增，线上教育与传统教学的融合为应用型本科院校的教学研究打开了新的契机。基于网络课程的混合式教学模式的条件日益成熟，得到了前所未有的、跨越式的发展。笔者根据混合式教学模式的基本特征和原则，结合网络课程的优势资源，以大学英语课程为实验对象，进行持续性的混合式教学实践，在前期实践教学经验中构建出适用于应用型本科院校的基于网络课程混合式教学模式。

在基于网络课程混合式教学模式教学中，任课教师要根据学情分析的结果设定总体教学目标，进而进行教学设计与实施，在实际教学活动实践中反思，进而对教学目标、设计、任务活动等进行修订。网络课程的选取应注重教学活动的创造性、应用性及教育性，教师在教学实践中鼓励学生自主发现问题并探索和解决问题这一能动过程，培养学生的主观能动力，提高个体的综合素质力。

本书所述的混合式教学模式也可称为阶段式混合教学模式，共分为课前预习、课中研讨、课后复习三个阶段。该模式的三个阶段由教师和学生借助媒介（网络课程、线下面授课程）进行教与学的活动，同时采用多元化和过程化的评价考核方式。在课前阶段，教师进行学情分析、教材分析、教学设计，根据学生在线预习情况进行教案的调整；学生预习、在线测验以及线上的讨论交流。在课中阶段，教师重点讲授、引导讨论、点评；学生小组讨论、课程汇报、师生交流、随堂在线测验。课后教师编制复习方案、布置作业、教学反思，学生复习功课、完成作业，进行讨论和交流。基于网络课程的混合式教学模式有三个阶段。

1. 课前预习

教师根据总体的教学目标，需要完成学前分析。包括学生的学情分析、教师的教学能力评估及教学资源综合分析。首先，通过网络学习平台，以学前知识测验、讨论社区访谈等形式了解和分析学生的初始能力以及普遍的学习特点和风格，从而准确预设本堂课的教学目标。其次，基于学前分析的结果，教师对教学资源进行收集、整理和分析，在此过程教师需要提高自身教学方面发现问题和分析问题的能力。教师需要选取合适的网络优质课件、视频以及慕课等线上教学资料，考虑到学生更加偏爱视频的方式进行学习，本书注重搜集更多的视频学习资料以任务的形式发布到网络学习平台。最后，学生根据教师精选的优质资源和预习任务清单，以小组协作的方式进行线上学习。

本书所述的混合式教学中的网络课程学习是一种信息技术背景下的网络学习，最初的研究目的是用多样化的、科学的方式来完善学生对知识的自我构建和修订，同时根据第三章的调查研究结果显示学生建议网络学习时长控制在1小时以内。本书基于网络课堂的混合式教学模式中，教师课前发布的任务均是学生在1小时以内可以完成的。学生可以根据自身特点选择最适合的学习方式完成任务活动。学生通过视频观看、自我学习、信息探索和小组协作的方式完成学习任务，完成知识体系的自我建构。学生自主学习过程中所发现的问题通过三种形式来解决。首先，通过学习个体信息搜索的方式进行自我探究；其次，将个人无法解决的部分发布到QQ群等学习群组进行生生之间的集中讨论，提高学习效率，合作共赢；最后，对于最终遗留的问题，做好记录，在面授课堂由教师进行解答。在网络课堂学习过程中，学生是教学活动的主体和核心，教师则是辅助者、监督者和促进者。

2. 课中研讨

本书所述的面授环节的教学活动为一般的流程，具体教学实践中可因课程类型和教学侧重点的不同而有所变动。线下面授课堂的主要活动包括：引导、讨论、讲授、探索、汇报、点评等。面授阶段可以增加师生以及生生之间的互动，集中学生的注意力，有助于学习效率的提升。

面授课堂教学活动是对网络课堂学习中存疑问题的解决和学生接下来的任务活动进行说明和引导，小组协作学习成果的集中展示与评价以及学习难点的解惑与引导。在混合式教学的面授课堂中，学生依然是主体。教师应尽量给予学生机会来充分地表达与交流，在鼓励学生完成了设定教学目标的同时还提高了学生的课堂参与度，充分发挥了学生的主体作用。面授课堂教学活动中，学生根据网络平台教师所发布的预习任务清单，进行其成果展示与汇报；然后师生共同完成对展示小组的评价与见解；根据学生所阐述的问题，进行小组讨论；最后，教师进行引导和解决问题，并进行补充讲解。研讨阶段的学习将有助于提高学生知识的掌握程度。

3. 课后复习

在线网络课程不仅适用课前预习阶段，也适用于课后复习阶段。课后复习部分巧妙利用网络课程的在线测试功能，在线测试以每个教学内容的重点、难点为主要考核内容，要求学生在课后进行在线测试，客观题部分将会及时得到反馈。学生根据测试结果，总结所学章节内容，完成对知识的自我反思与构建。这样既有利于学生对教学重点、难点的把握，也可以充分发挥学生的主观能动性，强化学习效果。反思课堂表现进行总结所学知识内容。反思课堂行为表现，还可以在平台论坛上与教师、同学交流讨论,发表疑问和感想,进行反思评价。

(五)评价设计

教学评价是研究教师的教和学生的学的价值的过程,对教学效果的提高起到积极作用。为了能够切实提高教学效果,更好地推动网络课堂在高等教育中的积极作用,混合式教学模式中须构建一套科学的考核评价体系。本书基于前期的理论与实践调查,构建了过程化的考核评价体系,该考核评价体系中的评价方式可根据不同的授课内容进行选择和调整。

在本书中,主要考虑教师和学生两个主体,基于网络课堂混合式教学模式的考核评价体系主要体现在以下三个特点。

1. 多元化的评价主体

传统大学教学考核中的评价主体通常都是教师,因此师生关系一直被定义为考核与被考核的关系,在整个评价体系中,教师拥有绝对的权威性,学生则只能处于被动接受的位置。

这种单一的、线性的评价体系对学生的学习热情是极为不利的,容易引起学生的抵触心理。同时,这样的考核也存在一定程度的不公平性,教师在评价的过程中不可避免地会出现主观性和片面性,使得评价结果失去了价值和意义。[①] 而网络课程下的混合式教学评价体系中,融合了多元化的评价主体,如学生的自我考评、教师的主观测评、网络平台的自动测评、生生互评等。其中,学生自我测评、生生互评不仅使得教学效果得到更为公正的评价,也可以激发学生的课堂参与度,提升学生的主体地位,实现对学生自我反思和探索能力的培养。教师还可以采用网络学习平台的自评技术,教师提供标准答案,测评之后自动反馈给学生。这样既提高了教师的工作效率,又可以让学生及时得到反馈并修正。

2. 全面化的考核内容

混合式的教学分为网络课程学习和面授讲解与实践两个阶段,旨在

① 赵国栋,李志刚.混合式教学与交互式视频课件设计教程[M].北京:高等教育出版社,2013.

引导学生主动获取知识，并引导其将理论知识应用于实践。混合式教学的评价内容主要考核学生知识的获取程度、应用能力的提升程度和理论知识的实践程度。不同于传统评价体系中对基础理论和知识的侧重，混合式教学的评价内容更为全面，包括网络课程内容测评、小组合作的具体表现，对待任务活动的态度以及线下实践活动的综合能力表现等内容进行过程性、贯穿性考核。

其中个人完成情况，如课堂参与态度、表现积极与否及网络课堂的综合任务完成等情况是考核学习主体学习的主观能动力；小组讨论与协作、成果汇报与展示及组外点评等完成情况用于考查学生知识的实际应用能力、协作交流能力以及语言组织与表达能力。基于网络课程的混合式教学将评价体系实现对考核内容由“理论认知型”向“能力应用型”的转变。

3. 多样化的评价方法

本书中的混合式教学评价是过程性评价和总结性评价相结合，包括本门课程教学各教学环节中的自主性评价和学校统一组织的总结性评价。在过程性评价中，教师记录每个小组成员的任务分配和具体完成情况，其中包括面授阶段的代表汇报、组间点评等情况，及时了解、掌握学生的学习动态，适时地改变教学方法和策略，并为进行学生期末最终考核评价提供有效的参考。在总结性评价中，由学校统一安排期中、期末和实践等阶段性考试，通过作业和测试成绩考核学生对本门课程掌握情况和教学目标的完成情况。两种评价方法的科学融合弥补了传统教学评价体系中“结果论”的缺陷，成功实现了考核评价体系向“价值取向”的转型。

第三节　情感教学法

一、情感教学的内涵

随着教学改革的不断深入，语言教学中的情感教学变得越来越重要。在教学过程中情感交流能够激发学生的求知欲，也会提高英语课堂的教学质量。而且,情感教学的开展能够使学生形成独立健全的个性和人格特征,更好地适应多元化发展的社会。

(一)情感的含义及作用

1.情感的含义

情感是人脑的一种机能,是对客观事物抱有不同好恶而产生的内心变化和外部表现。情感在教学中属于重要的非智力因素。情感的发展,是个性的情感机能和情感品质在有利于个人成长发展和主动适应社会发展方面所产生的积极变化的过程。作为非智力因素,情感因素对语言习得策略、习得效果影响明显。

因情感与态度有着紧密的关系,因此在这里要对态度的定义做一个简要的说明。态度是一个人对待外在事物、活动或自身的思想行为所持的一种向与背、是与非的概括的倾向性。态度又可细分为肯定态度和否定态度、积极态度和消极态度。尽管情感与态度有着密切的联系,但这并不说明情感就等同于态度,情感和态度是有区别的。

就情感的分类而言,情感可分为积极情感和消极情感两类。对于学生自身的情感因素而言,既包括态度、动机、性格、自尊心等对学习起到积极推动作用的因素,又包括焦虑、自我抑制等对学习起到阻碍作用的消极因素。

2.情感的作用

作为教师,其情感因素体现在性格、教学动机和教学态度等方面。教学过程中学生与他人的互动过程也受情感因素影响。情感因素本身虽然不介入学习内容的处理,却影响到学习的路径、速度与效能,学习态度在英语学习过程中体现为对所学语言的态度、对课堂活动的态度和对教师的态度;动机则在很大程度上影响到学生的动力与方法选择;性格和自尊心则对学生与同伴沟通与合作产生影响。情感具有以下五种作用。

(1)激发智力功能

通常,积极的情感能有效激发学生的智力,提高学生的智力水平,促进学生的智力技能超常发挥。

(2)动力功能

人的智力因素形成了学习的操作系统,非智力因素构成了学习的动力系统。如果动力系统发挥的作用越大,那么操作系统的效率就会更高,学习效果就会更好;反之,学习效果就会越差。

(3)调节功能

积极的情感可以对学生的自信心和焦虑心情起到调节作用,提高学生的自信心,缓解学生的焦虑情绪,还可以改变学生的学习节奏,延缓学习疲劳。

(4)移情功能

学生会将教师在教学过程中的情感迁移到所学的学科中来,所以教师的人格品质和举止行为可通过情感影响教学效果。

(5)感染功能

教师在课堂上流露出的情感会直接影响学生的学习情绪,如教师说话的声调、节奏和表情等都会让学生产生共鸣。

总之,积极的情感在人们从事学习和探究真理的活动中可起到积极的促进作用,这主要是因为积极情感能创造有利于学生学习的心理状态。如果学生具有强烈的学习动机、浓厚的学习兴趣以及大胆的实践精神,那么他们的学习效率将会有很大的提高;如果学生具有乐观向上的态度,他们在参加语言实践活动时会表现得十分积极,这就使他们获得了比其他人还多的学习机会,从而促进了其对知识的掌握;如果学生具有充分的信心和坚强的意志,那么他们就会有勇气面对和克服学习中的各种困难。而消极的情感则往往会对学生的学习和探究活动起到抑制阻碍的作用。如过于害羞、胆怯以及过于内向的学生都不利于参与学习活动,也不利于展示自己,更不能独自解决学习中遇到的问题。

其实,越来越多的学生已经意识到自己在听、说能力方面的不足,同时也感受到了各级各类英语考试和就业形势对自己这方面能力的严格要求,因此他们对于教学中加强听、说教学相当渴望。但不少大学生虽然已经认识到英语口语交际能力的重要性,由于缺乏自信而不愿开口,怕说错，怕受到教师的责备和同学的嘲笑，这种缺乏自信甚至恐惧的心理也阻碍了口语交际能力的提高。由于听力困难、缺乏自信、害怕出错和得到负评价等原因，很多学生存在一定程度的焦虑，焦虑会给学生带来心理压力。当他们要用英语进行口头表达时，这种口语的交际性、灵活性和出错的公开性使学生产生的焦虑程度尤为严重。在中国，英语课堂是学生练习英语口语的主要环境，因此课堂教学环境下教师要制定合理的教学策略以调节学生的焦虑情感。

(二)情感教学

1. 情感教学的内涵

对于情感教学的界定，每个人都有自己不同的看法。下面就简单阐述以下几种情感教学的定义。

情感教学是教师在教学过程中，在充分考虑认知因素的同时，运用一定的教学手段，通过激发、调动和满足学生的情感需要，以完善教学目标，增强教学效果的教学。在人性的理念上，教学过程不但是教育学之间的信息传递和反馈的控制过程，同时也是教学和学生情感交流的过程。学生的学习过程是认知活动和情感活动互相协调、互为作用的过程。

情感教学就是教师以教学活动为基础，运用一定的教学手段来调动、激发和满足学生的情感需求，从而努力做到认知因素和情感因素完美统一的过程，以期达到优化提高教学效果，促进学生全面、和谐发展的目标。

情感教学是指在教学过程中师生双方处于积极的情感状态，教师通过语言、态度、行为并借助一定的教学手段来激发、调动和满足学生的情感需要，促进教学活动积极化的过程。

尽管不同的人对情感教学的定义看法不尽相同，但对情感教学的本质认识却是一致的。从最根本的含义上说，情感教学着重从知情交融的教学活动中的情感角度来分析教学现象，提出相应的教学理论和教学认知方法。从现实角度来说，情感教学是对教学实践中长期以来所普遍存在的重认知因素、轻情感因素的不合理现象的一种矫枉。

2. 情感教学的理论基础

语言教学中的情感问题很早就被人们所关注。阿诺德和布朗认为，广义的情感因素包含对行为具有制约作用的感情、感觉、态度和心态等。

20 世纪 60 年代，以艾瑞克森和罗杰斯为代表的人本主义学家主张将学生看作有别于他人的、有情感的个体。

1977 年，杜莱提出了“情感过滤说”，认为情感过滤是“一种内在的处理系统，它潜意识地通过情感因素来阻止学生对语言的吸收”。

美国的克拉申将这一理论进行发展，他认为通过习得可以获取足够的语言输入，然而情感过滤“是阻止学生完全消化他学习中所得到的可理解性的语言输入的一种心理屏障”。这说明，大量的语言输入并不等于说学生可以学好目的语，因为第二语言的习得还受情感因素的影响。第二语言习得的过程中，涉及情感因素的体现为文化移情。文化移情要求人们必须在某种程度上摆脱自身的母语文化的约束，从另一个不同的参照系（异文化）反观自己的母语文化，同时又能够对异文化采取一种较为超然的立场，而不是盲目地接受另一种文化或被同化。通过重新深刻、完整地认识西方文化，再重新认识中国自己的传统文化，可以找到一个能够真正相互对应发展的坐标：跨文化人应善于文化“移情”，理解并包容异文化，不能根据自己的情感需求选择性地认识文化，这样会造成文化和交流障碍。

另外，克拉申认为，“语言输入”必须通过情感过滤才有可能变成语言的“吸入”。而且，情感过滤越低，语言输入就越多被吸收；情感过滤越高，就越难被吸收。此后，许多语言学家和教育学家开始探索，并将情感渗透语言教学。随之出现的暗示法、沉默法、全身反应法等都强调了情感在语言学习中的作用，都体现了人本教育的原则。中国在 2007 年的《大学英语课程教学要求》中就明确了大学英语的教学内容除语言知识、语言技能之外，还应包括人文情感、人文素养和人文理想的培育，体现了将英语单单作为工具的学习转变为将英语作为素质教育组成部分的思想。

此后，越来越多的语言学家开始将情感渗透语言教学。美国著名心理学家奥苏贝尔认为意义学习必备两个条件:一个是认知范畴;一个是情感范畴。认知范畴指学生能否掌握相关的知识。情感范畴则指学生是否已掌握相关的内容。汤姆·哈钦森也认为,语言学习是一种情感的经历,而学习过程中所诱发的情感对于学习的成功和失败起着关键的作用。不难看出,在任何学科的教学中,情感都是十分重要、不可或缺的因素,而在大学英语教学中表现得尤为突出。

在国内,随着我国大学英语教学改革的深入发展,语言教学中的情感问题也越来越受到重视。朱纯、戴曼纯、周娟芬等国内研究者对英语学习者的动机、信念、焦虑感、自我归因能力等的分类、作用及其与成绩的关系都进行了深入细致的研究和探讨。从他们的研究结论可以看出,情感因素在英语教学中的作用尤其突出,英语教学不同于母语教学,英语教学需要情感因素的大力支持,学生对于英语的情感如何很大程度上决定了学习的最终效果。中外学者的研究表明,学习主体的情感因素对英语学习的成败有着特殊的影响和重要的调控作用。

在信息国际化的今天,学生的真实情况是不容乐观的,他们在认识自我价值、处理人际关系、承受生活的压力或应对一些突发事件时,往往表现不是很好,经常会不知所措,无法疏解心结。在处理问题时他们甚至会采取极端的方式。除了认知能力的培养,还要关注情感因素的培养,它会影响一个人的未来发展。

3.情感态度与英语学习的关系

作为课程目标之一的情感态度对英语学习具有十分重要的意义。具体可以从以下几个方面来阐述,包括兴趣、动机、自信、意志、合作精神、祖国意识和国际视野。

(1)兴趣

学习兴趣是学生积极认识事物和积极参与学习活动的倾向,是积极学习中最现实和最活跃的成分。兴趣对人的行为有很大的推动作用,当人们对某件事情有很浓的兴趣时,它可以促使人们满腔热情地从事这项活动,工作效率明显提高。在英语学习中,兴趣的作用十分明显,它能够激发学生的求知欲，推动其积极学习与研究，获取语言知识，取得言语技能。只有学生从内心对英语学习感兴趣，在学习活动中的注意力才会集中，思维也会更加开阔、活跃，记忆效果也会随之提高。由此可见，培养学生英语学习的兴趣是教师要一直坚持、不能放弃的艰巨任务。

(2)动机

动机是内部动因和外部诱因结合而成的心理状态，是由自身发动并加以维持的主观原因。一般来讲，内部动因常由自身的迫切需要而引起，外部诱因则常由于需要相应的客观存在而引起。愿望、意向、兴趣能产生动因，目标能产生诱因，二者结合起来便形成了动机。

动机又分为两种：由内部动因进而形成外部诱因的内部动机和由外部诱因进而形成内部动因的外部动机。学生对英语学习本身的兴趣和热爱都属于内部动机。有的学生发自内心地喜欢英语，觉得英语语言魅力无穷，因而学习非常努力，这就是内部动机在起作用。这种类型的学生常常学习更有持久性，不易受外界因素的干扰。相反，持有外部动机的学生是为了一些外部因素而学习的，如为了通过考试、为了获得文凭或为了受到奖励及出国等。这种类型的学生，学习一般不能持久，一旦达到目的，便会放弃英语学习。

一般来说，英语学习者内外动机都有，英语教学研究也更加重视综合动机的作用。学生具备了英语学习的综合动机，就能在学习中产生最大的积极性。比如，一个学生原来就对英语有兴趣，希望成为通晓英语的人才，同时又认识到掌握英语可以有所作为，能够作为有力工具继续深造，那么他就是具有综合动机的人。

(3)自信

自信是一种积极的情感，是对自身的一种肯定，是对自己成功的确信程度。通常情况下，自信心强的人对自己的未来保持一种积极的心态，认为自己一定能获得成功；而自信心不强的人总觉得自己能力不够，达不到应有的标准。根据心理学有关理论，只有在自信的前提下其他情感因素才会充分发挥作用。换句话说，要想成功，做任何事情都必须有自信。拥有自信对每个学生都很重要，对学习基础好的学生是这样，对学习有困难的学生更是如此。教学实践证明，始终对英语学习有学习兴趣，并且坚信自己能学好英语的学生，成功只是早晚的事情。

(4)意志

意志是一种心理过程。包括自觉地确定目标，为目标的实现而支配、调节自己的行动，并在此过程中克服种种困难。

在学习英语的过程中，学生会遇到各种各样的困难。在困难面前，要勇敢地面对，因为学生的意志在解决困难的过程中尤为重要。

(5)合作精神

现代的教育不是简单地灌输语言知识的过程，还要使学生的各方面能力都有所提升。培养学生的合作精神和合作能力就是教育的任务之一。

随着新的教学方法和教学手段的使用，学生在教学过程中的作用变得越来越主动，而很多的教学活动是需要进行小组互动的，这就涉及学生之间的合作。良好的合作是一件双赢的事情，既能锻炼学生的情商，又能为学生提供更多的学习机会和学习资源。

(6)祖国意识和国际视野

祖国意识指了解祖国、热爱祖国、为祖国的建设和发展多做贡献的精神等情感因素。国际视野指胸怀全人类共同发展的精神。

这些看似与英语学习关联不大的情感因素实际与英语学习有直接的关系。深厚的祖国意识和宽广的国际视野对培养学生的跨文化交际能力具有重要的作用。在英语教学过程中，教师不能忽视此方面的思想灌输。

二、情感教学的原则

尽管情感本身并不是学生直接学习的内容，但英语教学的过程是一个“认知＋情感”的过程。情感与教学中学生的智力活动有着密切的关系。同时，教师对学生的情感态度可以影响学生的学习积极性，并间接地影响着学生的学习效果。在具体的教学中，情感教学十分必要。教师应了解情感教学的原则，并以此来指导教学的具体实践。

(一)寓教于乐原则

在传统的教学中，教师处于绝对的权威地位，教师是教学活动的控制者。课堂气氛过于紧张而严肃，缺乏互动，使学生很少有独立思考和解决问题的机会。教学管理应做到“放”而有“度”，“活”而不“乱”，寓教于乐就是一个很好的选择。[①]

寓教于乐原则是指在教学中教师要操纵一切教学变量，激发学生的兴趣，使学生怀着愉快的情绪进行学习。简单来讲，就是使教学在学生乐于学习和接受的状态下进行。有研究发现，当一个人处于快乐的情绪，并且对所做的事情有兴趣时，其智能能够得到最大限度的发挥。这是因为快乐和兴趣是一个人进行智能活动的最佳的情绪背景。教师在贯彻这一原则时，虽然目的在于引发学生的快乐和兴趣情绪，但不能仅仅停留在情绪调节的层次上，而应该以情绪调节为出发点，引导学生向更高层次的方向发展，也就是从“乐中学”向“学中乐”转变，使学生达到最佳的学习状态，也使教学达到最高的境界。教师要精心安排教学内容、采用合适的教学方法、设计有效的教学活动、丰富自己的知识、培养幽默感和语言表达技巧，让课堂吸引学生，引导他们思考，使他们全神贯注地投入学习活动中。

(二)移情原则

现实中，大学英语教师教给学生语言知识，却忽略了学生作为“人”的情感意识的培养。教育以人为本，必然关注人，关注人的存在。由于大学英语在教学实践中过度重视工具性功能，导致了人文性的缺失，这与教育的终极目标——成人是相悖的。毫无疑问，语言教学是教语言的。然而，在实践中，语言又意味着“语言水平”，“语言水平”又意味着“语言成绩”。正因为如此，很多大学英语教师往往把注意力过多集中在如何提高大学英语的各类语言的考试成绩。显然，这种努力关注的多是语言的工具作

① 谭浩亮.大学英语教学中情感教学应用策略研究[J].现代英语，2020(04):34－36.

用。事实上,越来越多的学者认为,大学英语的学习不应仅仅掌握一种语言工具,而应该对大学生的成长成才起到重要的作用。在英语教学中,教师经常看不到学生的内心。这样,长期生活在英语生活中的教师和学生自身对自我的认同产生了迷失,也失去了教与学的内在动力。教师要加强与学生的情感交流,并且能灵活地运用移情原则。移情原则是指让学生在学习的过程中得到情感陶冶。心理学研究表明,一个人对人或物的情感可以移情到与之相关的对象身上。古语"亲其师,信其道"就是这个原则的最好例证。移情原则在教学中体现在以下两个方面。

一方面,在教学中,移情是指教师个人情感对学生情感加以影响,教师的文化水平、教学水平以及道德素质、人格魅力、精神状态等都会对学生起到很大的感染作用。苏霍姆林斯基认为,教师个人的范例,对于受教育者的心灵是任何东西都不可替代的最有效的阳光。大学英语教师应努力培养自己超越功利的人格魅力,形成独立自主、富有批判意识的思想观念,不断提升自己的人文精神,拥有博大宽广的胸怀。

另一方面,作者能够被文章的人物的情感所影响。为此,教师应引导学生认真体会文章作者写作时的情感,并注意情感的移情,寓情感、思想、美育于英语教学中,让学生学习知识的同时,也能在生动活泼的教学情境、轻松愉快的教学情意中感受到情感的陶冶,从而促进大学生和谐人格的形成。

(三)以情施教原则

以情施教原则指的是教师对学生进行知识、技能的教授时,应注意在自己的思想、观点中夹杂自身积极的情感认知,通过自己的情感促进学生知识的消化吸收,最终达到"情知交融"。这个原则是情感教学中最具代表性的原则。教师应该在教学中贯彻这一原则。这种将知识通过教师自己的情感进行表达的方法和原则可以使学生切实地了解到知识的真正含义,加深学生对于知识的理解程度。但是,在遵循这一原则时,教师应善于控制自己的情绪,始终使自己处于快乐、激情的情绪状态下,使自己的情绪积极地影响学生,陶冶学生的情感。此外,在处理教学内容时,教师也应考虑到这一原则，做到以情促知，知情并茂。以情施教原则的适用范围很广，教师不仅可以在教学过程中贯彻这一原则，在平时与学生的交际过程中也可以运用。

（四）情感交融原则

情感交融原则是指在教学活动中，教师应重视师生之间交往中的情感因素，积极地以自己的良好情感去引发学生的积极情感反应，发展和谐的师生关系，进而优化教学效果。教学活动是存在于教师与学生之间的一种特殊的交往活动，是以认知信息为中心、传递师生之间情感的交流现象。教师和学生之间的情感态度对教学质量和课堂氛围有着重要的影响。

英语教学本质上就是教师与学生、学生与学生、师生与文本不断互动交流的过程。英语教学中的情感互动能增进人与人之间的相互了解、温情与信任，让学生学会倾听和接纳，在互动的过程中，培养学生处理人际关系的能力、技巧与策略，从中学会理解、尊重别人。通过师生之间的情感互动，师生间更能相互理解。

三、情感教学的方法

通过对国内外有关语言教学的研究和分析，笔者深刻体会到在教学过程中情感因素对于提高学生英语学习的兴趣和水平起到重要作用。如何调动学生的积极情感，减少学生的焦虑，从而提高大学英语教学的效果成为亟待解决的问题。在师生共建的课堂互动模式中，教师应有意识地创造各种语言环境，走进学生的内心，积极营造课堂气氛，调动学生学习英语的积极性，还要增强学生英语学习的信心、降低学生英语学习的焦虑感，等等。但是，这些该如何做到呢？这就要谈到情感教学的方法问题了。

（一）建立良好的师生关系

随着大学英语的教学改革，英语教学的重心已由传统的以“教师为中心”转向以“学生为中心”。但广大英语教师在关注教材、教法的选用及学生认知能力发展的同时，却未能对课堂教学中的情感因素给予充分的重视。事实上，教师不是一切教学活动的控制者和决定者，教学中教师与学生是平等的、合作的活动体，教学要充分体现民主、尊重和信任，建立良好的师生关系。

建立良好的师生关系指的是在教学中改变教师在课堂上的主导地位，使其由教学的主导者变为学生学习的指导者，从而使师生之间形成一种良好、和谐、平等的关系。良好的师生关系对增强学生自信心、激发学生学习兴趣发挥着重大的作用。教师有必要注重学生的情感，与学生建立良好的人际关系。尽管很多的情感因素有外显的表现，但更多的情感是内在的。教师只有与学生建立了良好的关系，才有可能进一步了解学生的情感，学生也才有可能愿意与教师交流沟通。另外，和谐融洽的师生关系还能有效促进“以情促知”的教学活动，改变学生以往对教师的恐惧心理。此外，教师还应该促进班级建立和谐、融洽、民主、团结、互尊互重的情感氛围。想要建立良好的师生关系，教师可从以下三个方面着手。

1. 教师确立情感教学观念

情感过滤假设认为，有大量的可理解输入的环境并不等于学生就可以学好目的语了，第二语言习得的过程还要受许多情感因素的影响。语言输入必须通过情感过滤才有可能变成语言“吸收”。克拉申认为影响习得语言的情感因素是：①性格。自信、性格外向、乐于置身于不熟悉的学习环境、自我感觉良好的学生在学习中进步较快。②动力。学生的学习目的是否明确，直接影响学习效果。目的明确则动力大，进步快；反之，则收效甚微。③情感状态。主要指焦虑和放松，焦虑感较强者，情感屏障高，获得的输入少；反之，则容易得到更多的输入。大学生在学习英语时也面临着各种消极情感的影响，教师必须更多地重视学生的个性特点，关注学生的情感变化。因为大学生的情感教育也是人文教育的一部分。

大学英语的学科特点及其在大学课程中的地位决定了它可以在人文素质教育中发挥重要作用。实现大学英语教学的人文价值取向，关键在于广大英语教师要摒弃以片面追求大学英语四、六级通过率和英语工具性价值观为主导的教育教学理念，重新定位大学英语的培养目标，在大学英语教学中确立人文素质培养的理念与情感教学的观念，高度关注每个学生的情感，体现大学英语教师对学生的人文关怀，使大学生在学习过程中发展综合语言运用能力，提升人文素养，增强实践能力，培养创新精神。在大学英语的学习过程中，教师应既让学生学会应用语言，也要让他们深刻感受到渗透在教材中的人文精神，使其心灵受到震撼并能自觉主动地转化为自己的行为。[①]

人文主义心理学重视学生的学习环境和气氛，强调人际关系和个人情感因素对语言能力和语言习得的影响。在语言学习中，学生只有在放松和和谐的状态下才能最有效地学习和掌握语言或其知识。而这种放松的学习环境又开始于教师观念的改变，因为对于传统英语教学而言，教师仍是课堂教学的主体。大学英语教师要在制定教学大纲和实施教学计划时，重点考虑如何通过关注学生情感来提高学生的知识技能。教师要注重建立和维持良好的师生关系，努力创设优良的课堂氛围，力争在愉悦的气氛中使学生掌握知识、发展能力、提升修养。

2. 师生的良好互动与沟通

良好、和谐的师生关系的建立需要教师和学生之间进行良好的互动与沟通，可以说沟通是和谐关系建立的基础和前提。

传统的大学英语教学极为重视其语言工具性价值和应试价值，而不同程度忽视其情感价值。教师总是处于一种高高在上的地位，因此学生会对教师产生敬畏心理，更谈不上与教师进行沟通和交流了。这种倾向非常不利于实现现代大学英语教学的目标，也阻碍了教师与学生的互动交流。在大学英语教学过程中渗透教师的人文关怀，不仅是素质教育的重要部分，也是推进当今大学英语教育深化改革的重要内容。大学英语教学必须将情感教学有效地融入整个英语教学过程中，使学生在掌握英

① 彭薇. 大学英语教学中情感教学应用策略研究[J]. 吉首大学学报(社会科学版)，2018(S1)：199－201.

语的同时也能潜移默化地受到人文精神的熏陶。

首先，要建立良好的师生情感关系。教师必须具有真诚的品质，教师在平时的工作和教学中必须发自内心地关心和爱护每一位学生，公平地对待每一位学生，特别是对一些学习困难或缺少自信的学生，教师要多鼓励、多关怀，少批评指责，要相信他们的潜力，使学生感受到教师的诚挚态度。

其次，当学生的学习成绩出现下滑的状态时，教师不应对学生进行无尽的责骂，而应该与学生进行沟通，了解学生最近的学习状态，并帮助学生改变学习状况，积极地投入学习。当学生了解了教师的态度之后，其就会以积极的态度投入学习，其学习质量就会有所提高。久而久之，整个班级的教学环境就会在一种和谐的氛围中进行，学生的学习状态和最终的教学效果自然会得以提高。

3. 增加教师的自身和教学魅力

完善自身的个性，充分展现个人魅力。教师要得到学生的认可与接受，首先就应具备内在的人格魅力。人格魅力最直接的体现就是教师负责任的态度。负责态度是指对一个行为导致的结果仔细地考虑。有责任心的教师根据自己对教育目标的认识自问为什么在课堂上做自己所做的事情。学校所教给学生的不都是正式批准的课程，教师行为对学生的影响也不是事先可以预测的。鉴于那些“隐性课程”的实际教育结果和教师行为不可预测的结果对学生具有极大的影响，教师要努力完善自己的个性，使自己拥有热情、负责、真诚、宽容、幽默等优秀品质。

不仅是在课堂上展现自己的自身魅力，在日常工作和生活中，教师必须明白自己对学生的影响不可估量，要更加规范自己的教学行为，不断提高自身修养，扩展知识视野，提高敬业精神，提升教育艺术，努力成为一个富有个性魅力的教师。不论是课上还是课下，学生都能和教师进行情感交流，提出问题和解答问题。除了课堂交往之外，教师利用课间、课外时间尽可能去了解每一个学生，正是因为这些复杂而重要的情感力量使学生情感态度发生了巨大的变化。

教师的教学是学生直接感知知识的有效途径。当教师的课堂教学富于魅力和激情时,学生对知识的记忆程度就会增加,其学习效果自然会事半功倍。

教师在教学过程中,要不断地联系学生实际,努力让学习贴近生活,这样才能激发学生的学习兴趣,增加他们的情感体验,从而增加教学魅力。此外,教师还要努力改进教学活动,使教学过程充满活力和趣味性,这是优化师生情感关系的重要策略。当教师切实地感受到自己教学对学生带来的重大影响之后,就会收获作为教师的乐趣,从而进一步刺激了教师教学的热情。这种方法不仅使学生的学习效果得到提高,同时由于学生对知识产生了一种情感渴望,喜欢教师的课堂,也会增进教师和学生之间的感情。

(二)加强学生的情感认知,引导学生参与课堂活动

加强学生的情感认知指的是让学生了解自己的学习地位和学习责任。在加强学生情感认知的过程中,学生会明确自己的学习主体地位,并认识到自己是学习的主体。这种情感的认知会刺激学生学习的积极性,使学生了解学习的目的和意义,改变被动学习的局面。教学是师生双方情感活动的过程,教学最重要、最有价值的体现是学生的参与。但是,由于大学英语四、六级考试和传统的"以教师为中心"的教学模式的影响,学生课堂气氛不活跃,课堂活动参与度不高。学生必须改变过去被动的学习方式,主动参与课堂教学,充分发挥自己的主观能动性,从而提高自主学习能力,更好地适应社会需求。

课堂是教师教学、学生学习、教师与学生交流沟通的重要场所。在课堂中形成的生生关系、师生关系以及由此形成的课堂气氛对学生的语言学习有着重要的影响。教师要放下架子,积极地与学生沟通,随时掌握学生的情感动向,并利用各种方法和渠道了解并尽快解决学生的困难。

学生是很容易产生焦虑的群体,教师需要在教学中对学生的个性进行综合的考虑和引导。这种引导和帮助不仅需要教师采用循序渐进的原则和方法,还要切实改变学生被动学习的状态。教师应该积极开展多样

的课堂活动，充分利用现代化的教学辅助手段营造积极的英语课堂氛围。根据实际情况，教师可采用个体活动、小组活动、全体活动，如集体讨论、小组对话、角色扮演等。形式多样的课堂活动提高了学生的英语表达能力，同时也提高了学生的自主学习能力和合作学习能力。这种合作学习有利于树立学生英语学习的自信心，降低学生的英语学习焦虑。另外，在每项课堂活动进行中或结束后，教师可用恰当的方式有意地表扬学生在学习过程中任何细微的进步，从而增强他们的自信心。同时也要在每位学生回答完或中间停顿的时候不要直接给学生纠正语言错误，教师要以信任和鼓励的态度给予积极性的评价，优化自己的课堂教学，比如用更合适的词汇和句子结构重复学生的观点，这样既能跟学生进行观点沟通，又能指出学生语言方面的错误。对于发音不准确的学生，教师可安排学生利用课余时间或每学期的第一周专门进行有计划的语音训练，帮助学生纠正发音，建立学生说英语的自信。以上做法不仅可以培养学生独立思考和解决问题的能力，还能充分调动学生的参与意识和学习英语的兴趣，同时学生也能根据教师的指导和教学，加强自身对学习的认识。

(三)利用多媒体传递情感

在传统课堂上，教学媒体是辅助教师授课的演示工具。而教师的教学主要依赖于传统的教学媒体，黑板、教材作为承载教学信息的主要工具，其单一的媒体呈现模式也限制了学生信息量的输入，满足不了信息时代学生对知识的需求。

计算机网络的迅猛发展以及随之而来的信息化手段的广泛应用使教学活动可利用的时间及空间得到了极大拓展，加上全球互联网所提供的取之不尽的教学资源也使英语教学新模式的构建平添了多种可能。多媒体教学不是提高教学效果的唯一途径和手段，教师不能一味地追求现代化的教学手段而完全放弃传统的教学方法。但是，多媒体的确在英语教学的运用中呈现出明显的优势，它可以呈现丰富的内容、多样的形式、生动的画面，在情感教学中展现出非凡的能力。它通过鲜明的图像、有趣的声音刺激学生的视觉和听觉，吸引学生的注意力，并在头脑中留下深刻的印象，使一堂原本枯燥、单调的教学增添了趣味性及感染力，极大地激发了学生的学习兴趣，进而提高了教学的质量和效率。

多媒体网络具有丰富的、开放的学习资源，学生只要掌握一定的网络操作技能，就可以根据自己的需求和兴趣，通过网上检索功能自主选择学习内容、学习方式和学习路径，进行自主学习或与他人进行讨论、交流，开展合作学习。同时，多媒体网络学习资源的交互功能还能及时为学生的学习提供反馈信息，为学生的个性化学习、自主学习创造有利的条件，使学生之间相互帮助、分享学习资源成为可能。目前，在中国大学英语教学中，全面推广利用多媒体进行情感教学的条件尚不成熟，单纯凭借这种新教学模式很难解决当前大学英语教学中学生突出的情感问题和矛盾，尽管这种教学方式是有趣的、易接受的。此外，基于多媒体进行情感教学注定是一个长期、渐进的过程，这就要求教学活动的开展需要结合实际需要，保留吸收传统教学模式中的优良部分，充分发挥传统课堂教学和多媒体两种教学模式的优势。教师在传授知识的同时，要注意理解学生的感受，对大学英语课程进行科学合理的调整，确保大学英语教学质量得到逐步提高的同时，大学生也能获得健康的心理与人格。

不过，尽管现在时机不太成熟，但不可否认的是，多媒体网络环境下的英语教学能够很好地发挥学生学习的积极性和主动性，真正实现以学生为主体，促使学生情感目标的达成。

利用多媒体网络教学还可以增进师生关系，加强情感的沟通与交流。在英语课堂上，教师也是课堂活动的参与者，教师与学生互相尊重、平等交流，使学生在轻松、和谐的环境下更有效地学习。在课下，教师可以借助网络媒体进行师生间的讨论以加深对知识的理解。同时教师也可以通过班级公共邮箱、网络平台或E－mail等发布信息，布置学习任务，帮助、指导学生，甚至通过开班会、聚餐、手机短信、微博等方式广泛与学生沟通，这些都能使学生的情感态度发生很多变化。

(四)对学生的情感问题施以援手

教育学家乔姆斯基曾指出，语言学习本质上是一种由内向外的（精神)培植和生长。大学英语的教学不仅要使学生深入了解和掌握英语的语言知识与技能,形成一定的语言运用能力,更要重视大学生的情感教育和人文精神的培养。语言学习本身是主体精神的培育,也是在构筑语言学习者的精神主体。英语教学中人文精神的培养是一个内涵极为丰富的概念,既包括教学内容中所蕴含的人文知识的灌输,也包括教学环节中所弘扬的关怀人、尊重人、提升人的人文精神培养。教师在课堂和课下都要无微不至地关怀学生,尊重学生的感受,维护学生的自尊心。

在语言学习过程中,焦虑情绪是阻碍学生顺利学习的最大障碍。焦虑的产生是由学生的害怕和紧张情绪造成的。这种负面的情绪对学生语言学习十分不利。长期以来,在大学英语教学中,很多大学把学位的获取与大学英语四级考试成绩挂钩,迫使学生把通过大学英语四、六级考试作为学习的目的和直接动力,忽略了学生的情绪。这种价值取向背离了大学英语教学的本质,这种教学方法的效果也非常有限。很多大学生陷入了学习的困惑,英语的单词、语法都下了功夫,但是英语文章还是读不懂、学不好,从而会产生情绪波动。比如,紧张和害怕。紧张与害怕的心理会分散学生的注意力,随之学生的思考与记忆能力也会逐渐减弱,最终导致储存及输出语言的效率降低,如此恶性循环,将会带来更大的焦虑。教师要帮助学生及时克服这方面的困难,使语言学习上的成功体验与情感的发展相互促进。学生的情感态度往往与他们学习上的成功和失败有密切关系。学习上的成功能够促进情感态度的积极发展,而积极的情感态度又有利于促进学习上取得更大的成功。为更好地进行情感教学,教师应帮助学生克服情感方面的困难。教师具体应做到以下几点。

(1)多与学习困难生交流,分析困难的性质及程度,教师要耐心指导,并制订改进计划。认真对待学生的点滴进步,鼓励他们敢于迎难而上。

(2)要随时维护学生的自尊心。不能因为英语没学好就轻视学生,要善于发现学生身上的优点,并让其发扬光大。比如,有的学生学习可能不是很好,但是性格开朗,乐于助人。教师就要适当地表扬他,让学生对教师产生信任和感激,这有利于以后的教学活动。

(3)组建学习小组。学习小组的成立可以很好地提高学生的整体水平,教师在组建学习小组时应该根据学生的不同水平,确保学生在小组中都能做出自己的贡献。确保学习有困难的学生也能有更多的参与机会。

(4)对学生不要过分苛责,面对学生的语言错误更不要大声训斥,而要学会与他们一起分析错误的原因,并试着修正。适当降低对学生的学习要求,让学生在体验初步的成功中逐步恢复学习英语的兴趣。

(五)开发学生的非智力因素

学生的学习是复杂而漫长的过程,要想提高学生的学习效果,学生智力因素的积极参与必不可少。智力因素对学习的影响表现为:智力因素影响学习的质量、速度和方式。学生智力因素包括观察力、注意力、记忆力、想象力和思维判断能力。在英语学习过程中,观察力是非常重要的一种能力,表现为对语言现象和规则的感知。例如,通过观察可以发现英语音素[p]与[b]的差别是送气与否,这有助于在听力过程中区别单词的细微差别,从而有助于单词意义的提取和词义记忆。记忆力在英语学习中具有非常重要的地位。英语学习既要储存临时信息又要形成稳定的长期信息。英语教学中教师必须注意信息加工技巧和记忆方法培养。想象力是理解新知识和构造新知识的能力。在语言学习过程中,学生要能够通过语言信息的理解,还原所表达的意义和所指对象,形成事物、人物、情景、过程、事件等心理再现。丰富的想象力也是优化学习情绪、促进学习活动和提升学习成效的必要条件。

思维是更高级的心智能力,包括观察、判断、分析和推理等,语言学习在一定程度上也是通过语言加工产生认知能力的过程。语言材料所呈现的信息本身是心智加工(编码)的产物,也是深度理解(解码)的依据。人类在长期的生活实践中形成了许多思维技能和规则,并体现在语法和语篇构造中。英语教学过程中,学生必须充分重视思维方式的采纳和对语言反映的非母语使用者思维习惯的注意。

英语学习不仅要有智力因素的参与,也需要开发学生非智力因素的积极参与。心理学家认为,非智力因素是指人的智力因素之外的那些参与学生学习活动并产生影响的个性心理的因素，如兴趣、情感、意志和性格等。非智力因素在英语学习过程中发挥着重要的作用。在教学过程中，教师在开发学生智力因素的同时，还要有意识地开发学生的非智力因素，并使二者有机地结合起来，培养学生将可理解性的语言输入转化为语言应用的能力。美国心理学家柯尔曼的《情感智力》一书引起了人们对情感智力这一概念的普遍关注。他把情感智商概括为五方面的能力：认识自我情绪的能力；控制自我情绪的能力；自我激励情绪的能力；了解他人情绪的能力，以及处理人际关系的能力。教师在教学的过程中，要有针对性地开发和培养学生这五个方面的能力。

(1)自我激励情绪的能力，包括自制力、专注力及逆境中的应变能力。情商高的人，可以通过点滴的成功及时地进行自我激励，形成良性循环。

(2)认识自我情绪的能力，包括了解自己产生各种感受的前因后果。情商高的人，能够正确地认识自我，在与他人进行交际的过程中能够及时调节自我、控制自我、驾驭自我，树立信心，战胜自我。

(3)了解他人情绪的能力，包括善解人意、以同情心去了解别人的感受，为他人着想。情商高的人，他们善于体察别人的情绪，解读他人的情绪反应。

(4)控制自我情绪的能力，包括能够克制冲动及矛盾的情绪；能够展现出真诚与正直；弹性很强，可以很快适应变动的环境或克服各种障碍；具备提升能力的强烈动机，追求卓越的表现；随时准备采取行动，抓住机会。

(5)处理人际关系的能力，其实质就是解读他人情绪的艺术，在追求融洽的人际关系过程中，逐步具有识别、监控、运用情感和社交的能力。

通过上述学者的观点，可以清楚地看出非智力因素对学生学习的影响和重大作用。开发学生的非智力因素也是情感教学的有效方法之一。

在英语课堂上开发学生非智力因素的一个方法可以是欣赏文学作品，这样能提高学生的情感智力能力。因为作品中人物的情感很容易触动学生，教师在课堂教学中就可以充分利用这一点，启发学生换位思考，培养“感人之所感,知人之所感”的能力。《鲁滨孙漂流记》中主人公无法排解的孤独;《呼啸山庄》里凯瑟琳与希斯克里夫爱恨两难的情感;《大卫·科波菲尔》中大卫自怜而悲怆的心痛;《阿拉比》中小男生初恋的懵懂与羞涩,都可以成为培养学生情感智力的材料。小说的学习如此,戏剧、诗歌等文学体裁的学习也是如此。比如济慈的十四行诗《蝈蝈与蟋蟀》是吟诵自然之美的经典之作。自然与人类息息相通,情感相通,情感智力偏高者对于自然必然会理解与同情。这些学习经历会帮助学生面对未来时,在认识自我价值、处理人际关系、承受生活的压力或应对一些突发事件时,不会不知所措,无法疏解心结。

(六)使用形成性评价,增强学生的信心

教学评价是大学英语教学质量监督与评价机制的重要组成部分,具有诊断功能、改进与形成性功能、区分优良和分等鉴定功能、激励功能和导向功能。教学评价根据不同的标准,分为不同的类型,包括相对评价、绝对评价、配置性评价、诊断性评价、总结性评价等。一直以来,传统的英语教学就侧重于总结性评价。评价的内容也多是侧重对单纯的语言知识结构的考查,重结果、重成绩、重区别与重淘汰。等到这种评价的结果一出来就会出现“悲喜两重天”的情况。成绩好的学生自然是高兴的,回到家也是围绕在一片赞美之声中。而一旦学生成绩不理想,他们便会感到焦虑、自卑和自责,学习的自信心也会因此受到严重打击。

新课程改革倡导对学生学习过程进行形成性评价。形成性评价是1967年由美国的评价学专家斯克里芬提出的,后被美国的教育学家布卢姆引进到教学领域。形成性评价是通过诊断教育方案或计划、教育过程与活动中存在的问题,为正在进行的教育活动提供反馈信息,以提高实践中正在进行的教育活动质量的评价。具体来说,就是通过对学生学习过程所表现出的兴趣、态度、参与活动的程度等进行评价,教师依此可获得可靠的教学反馈信息,对每一位学生的学习起到诊断、激励和强化作用。这种情感性的评价,能让教师、家长看到学生一点一滴的进步和成功,在保护学生自尊心的基础上提高孩子的自信心和对学习的积极性。

通过形成性评价的评价方式，教师不仅可以及时获取有益的反馈信息，帮助教师了解教学效果，改进教学方法，提高教学质量，还可以帮助学生了解自身的学习状况，调整学习策略，提高学习效率。形式多样的活动还可以使学生学习英语的兴趣提高，使学生的学习积极性、自觉性提高，课堂参与程度提高。大多数学生认为形成性评价给予他们极大的发展空间，这种强调过程的评价，为他们提供了一个自我展示的平台和机会，激发了他们"说"的积极性和主动性。久而久之，这种过程性评价使学生由被动、强迫地"学"变成主动、有兴趣地"学"，使学生建立学习英语的成就感和自信心。

在实施课堂教学评价的时候，教师应让学生始终能体会到情感上的鼓励，从而使学生对英语教学减少恐惧心理。比如，学生回答问题后，如果回答很准确，教师要立即给予积极、肯定的评价，如"Very good!""Excellent!"等；如不完全正确，也应加以区别对待，对其中正确的部分表示肯定和鼓励，如"That's almost correct.""Better than last time."等；如果回答错误，也不要全盘否定，更不能责骂、挖苦、讽刺学生，而要尽可能地挖掘他们的闪光点，如可以说"Your answer is not the right answer to this question，but it's also very important. Thanks."等。这里尤其要强调的是对待一些英语基础较弱的学生，教师更要多鼓励、多关注。比如可以为这些学生"量身定做"一些难度比较低的问题，再辅以肯定的眼神或者动作，充分让学生得到一种学习的成就感。

可见，进行形成性评价，教师可以在英语教学中通过多种途径及时发现学生的学习需求和学习困难，用以调整和改进教学。同时，学生在课上的及时反馈也有利于学生反思和调控自己的学习进程，增强其学习自信心，从而更加积极地参与教师在课堂上组织的教学活动，形成教与学的良性循环。当然，评价的标准还有很多种，比如教师也可以利用小组互评或者是个人自评，让学生充分看到其他同学的长处或者进步。能够得到同龄人的肯定会使学生获得另一种成就感，有利于积极情感的形成。

情感因素是影响学生学习的一个重要的非智力因素，起着激发、定向、推动、引导和调节学生学习活动的动力作用，直接影响学生的智力发展和认识过程。而在这种情感的培养过程中，教师起着至关重要的作用。教师在设计课堂合作学习教学活动时，须考虑多方面因素，如选择的内容要有趣味性、可行性、真实性和探究性，问题要有一定的开放性，活动要能够促使学生获取、处理和使用信息，进而使学生逐步提高用英语解决实际问题的能力。同时要借助小组评价促使人人参与，给每个小组公开、公平、公正的机会，注意评价的正面鼓励和激励作用，使学生的学习活动进入一个良性循环。只有充分认识到情感因素的作用，才能使它更好地服务于教学。要让人们在教学中充分利用和发挥情感因素的积极作用，从而激发大学生对英语学习的爱好和兴趣，增强大学生英语学习的信心，调动大学生自主性学习和创新性学习的积极性，培养大学生研究性学习和合作学习的能力，进而提高大学生英语学习的效果。

四、网络教育中英语教学情感场的构建

(一)网络教育中英语教学情感场的构建的必要性

网络环境强调内容的多元性和即时性、形式的多样性和交互性。网络环境有助于课堂互动性的实现，互动交流在教学环节中主要表现为师生和生生之间的语言互动。其中非语言的情感因素会对课堂活动发挥作用，积极的情感氛围有利于课堂活动的开展并且提高学习的效率。

人的因素已经成为制约计算机辅助英语教学发展的瓶颈。解决人的因素的前提就是要调动人的积极的情感因素，这也是人能投入工作的前提条件。

计算机辅助教学实践中教师、学生的角色和作用的变化是英语网络教学实践中很难把握又需要重视的一个问题。在非网络的教学环境中，英语课堂的教师和学生为课堂的活跃因素，教师和学生以及学生之间形成了一种自然的交流状态。面对面授课和辅导、课堂问答、课堂小组创作活动等形式已是师生和生生交流的平台。而在网络环境中的学习，师生和生生的面对面交流减少，教师的教案和学生作业都是人机互动为主。

并且还存在教师和学生不能充分利用网络资源，教师对网络环境英语学习缺乏控制等问题，英语学习变成人机互动，形成了一种机械互动模式。以电脑为媒介的非直接交流方式，教师对多媒体计算机过分依赖，这无疑会对情感交流产生障碍。在网络教育环境中建构积极意义的情感场已成为突破外语网络教育环境发展的关键一环，这里以情感交流的有效途径为支架，探讨构建英语网络环境中情感场的模式，以期促进英语网络环境教育的发展，提高英语教学效果。

（二）网络环境中情感场的概念

情感场效应是指由课堂上教师与学生、学生与学生相互间的心理关系而形成的情感氛围影响教学效果和记忆效率的现象。在网络教育环境中，情感场不仅包括师生和生生间的情感关系，而且又增加了人机关系。计算机是非人类客体，但是人对它的感情反应也会反作用于人本身。所以无论是师生关系、生生关系还是人机关系都会直接影响网络教学和学习的质量与效果。积极意义的情感场会提高学习效率，增强学习兴趣，扩展网络资源，使网络环境更好地为教学服务。

情感是一个重要的非智能因素。情感对人的学习认知具有促动功能、感染功能、迁移功能、疏导功能和调节功能等。在英语教学环境中挖掘教师教学和学生学习潜力离不开对情感因素的研究，积极意义的情感场构建基于情感的正效应功能。明确情感的功能作用为教学情感场模式构建研究奠定了理论基础。

在网络教育情感场环境中，师生情感、生生情感及人机情感构成了环境的主体因素。在前二者关系中情感交流都是相互关系，人是这一情感交流活动的主体；而人机情感关系是单向交流，只涉及教师和学生对计算机这一非生物个体的情感。

（三）情感场构建模式分析

1. 师生情感构建

人本主义强调人的需求和感情是学习过程中的重要因素。罗杰斯认为促进学习的心理气氛因素有:真诚一致,无条件地积极关注,同理心。在构建师生情感过程中,教学环节包括以下几点。

(1)教师在网络教育环境中要积极地表现真我,没有任何矫饰、虚伪和防御,在与学生的交流平台中要真实地表达自己的看法,平和地接受学生提出的问题。这样就会消除学生的学习焦虑,激发学习动机。

(2)教师要真心地关心、爱护每一位学生,了解尊重他们的思维方式和情感世界。学生对于网络世界形形色色的信息有着自己独特的见解,教师应以自身的人格魅力,使学生产生可亲、可敬、可信的情感,使学生受到尊重而产生自我认同感,使他们“亲其师而信其道”。

(3)教师要转换角色,假设自己是学生会怎样看待每一项学习任务,其实很多教师明明知道学生的某些任务完成有困难,却不管不顾,缺乏同理心,这样就会失去学生的信任和尊重。

综上所述,构建良好师生关系要进行教师网络环境教育心理强化训练和培训,以此强化教师网络环境中的教学原则和行为准则;建立良性有效的师生沟通平台,如师生可以通过聊天室、电子公告栏、电子邮件等进行网上交流,使学生和教师利用网络环境进行积极的情感互动。从教师和学生双向角度出发,营造良好的师生情感氛围将会大大推进英语网络教育的发展,发挥情感的疏导功能和调节功能。

2.生生情感构建

教学环境中除了师生关系外,学生与学生之间的情感因素也是至关重要的。为此英语教学活动主要以群体活动方式开展,积极营造群体情感场。

(1)教师应让每位学生都有展示自我的机会,努力捕捉他们身上的闪光点,使学生以最佳的心态,轻松愉快地进行学习,并且在展示自我的过程中培养合作精神。

(2)提倡学生之间资源共享。在网络教育环境中,信息来源广泛,内容丰富,资源共享性尤为重要,感情融洽的学习氛围会带来丰富的学习资源。

(3)要营造你追我赶的学习氛围。网络教育环境为学生提供了更为便捷的沟通平台,突破电脑的界限,打破封闭状态,真正建立网络虚拟学习空间,给学生之间营造一种你追我赶的学习气氛,情感的感染功能和动力功能会减少利用网络进行与学习无关活动的情况,真正实现自我管理和自我监控的网络自主学习环境。[①]

3.人机情感构建

情感因素之间的辩证关系表明,教师在英语学习中是指导者身份,具有典范作用,其情感的流露会影响学生的情感反应。教师对于计算机辅助教学的认识要端正,从言语和行动上消除抵触心理,这样会激发学生的学习自信心,消除焦虑。学生的积极反应相应会带动教师的积极情绪,会激发教师继续探索和授课的激情。

(1)要进行基本的师生网络教育环境培训,让教师和学生在培训过程中了解网络教育环境的优势和强大功能,原因是英语教师并非都是网络环境的研发者,由于专业不同,不可能自己把整个网络环境的内容融会贯通,难免会在培训学生时无法向学生呈现真实的网络教育环境,这样就出现了师生对于网络环境不一致的情感,这种情感会影响网络教学环节的实施,更无法保证教学效果,也会导致网络教育资源浪费。所以教师和学生对网络教育环境本身的肯定会转移到对英语学习活动中,情感正迁移功能会促使师生共同在网络教育环境中开展教学活动。

(2)在积极的师生和生生情感氛围中,情感的感染功能则会改变原有的消极态度而营造一种对计算机的肯定态度,将大大提高教师和学生的教与学的积极性。教师引导学生进行互帮互助活动:介绍学习方法、展示学习成果、操作竞赛等形式,有针对性地形成互帮互助小组活动,使每个学生都成为网络教育空间的一员。

情感对英语学习至关重要,情感作用发挥得好,可以开发学习潜能,调动学习积极性。从外语教育心理学的角度看,学习过程中影响学习效

---

① 章文英.论情感教学在大学英语教学中的渗透[J].科学大众(科学教育),2017(10):142—143.

果的最重要因素之一是学生的情感控制，它是一切语言学习成功与否的基础。认识和研究学生的情感因素，找到影响学生英语学习的主要矛盾，并加以调控和管理，是保证英语学习效果的重要条件。以情感因素促进和疏导认知因素，建构积极意义的情感场效应正是在网络教育环境之外建立人性化的教学环境的条件，二者有机结合才能更好地为英语教和学提供保障。网络教育环境中的教学过程要在注重认知因素的同时，利用各种有效手段，努力创造出有利于学习的和谐氛围，充分发挥情感的积极作用，唤起群体良性情绪共鸣，以达到发掘教学潜力，加强记忆和优化教学效果的目的。

第五章　大学英语教学与跨文化交际能力培养体系的构建

第一节　认知体系构建

跨文化交际需要提升的是学生的“跨越”层面的交际水平，而从“跨越”到“超越”，则又是从一个层面到另一个层面质的飞跃。若是想要更好地实现质的飞跃，就需要人们建构一个深层次的跨文化交际教学架构，并且在此基础上寻找探索一套行之有效的教学方法。一种成功的跨文化教学模式，必然使文化教学与语言教学相得益彰。在这一教学模式的作用下，教师自身的文化素养也会得以有效提升，对于目的语言的文化理解能力，也有显著的提高，从而能够更好地推动跨文化教学目标。教学内容、教学活动的各个环节能够获得全面的改革，以最终实现培养具有跨文化意识与跨文化能力的交际人才。因此，就必须采取一些方法策略，从而使大学英语跨文化教学体系实现系统化教学。

大学英语跨文化教学中的认知体系，包括对目的语言民族也就是英语民族的文化知识、自身价值观念等方面的意识。在大多数学者专家的观点中，跨文化交际能力，指的是语言使用者能够在目的语言的文化情境中，得体恰当地使用目的语言进行交流沟通，且能够用目的语言的思维习惯、情感感知方式去理解，表达自己看待事物与世界的观点与看法，从而形成新的体验。具体就大学英语的跨文化教学来说，认知也就意味着对教学理念、教学目标以及教学过程中的一切看似矛盾但又各自密切相连的关系的处理以及教学原则的确立。

一、树立正确的教学观念

教学观念的更新、教学认识的提升，对当前的大学英语跨文化教学及其所面临的改革具有重要意义。目前，从我国整个大学英语跨文化教学的现状来看，跨文化教学仍然属于一种较为先锋的教学观点。而管理我国大学英语教学的行政管理部门，他们的思想意识，将直接作用于大学英语跨文化教学的改革与发展。因此，我国的大学教学行政管理部门，应该有着战略性的眼光与视野，借鉴学习先进的跨文化经验，从更高的战略性目光看待我国需要进行的跨文化教学所具有的时代意义，明确大学英语跨文化教学的内容与目标，以便更好地制定出同我国当前国情及教学实况相符合的大学英语跨文化教学的目标原则和方法，为当前的英语教学提供更为明确的目标与方向。

在大学英语跨文化教学过程中，教师必须明确自身教学理念更新的重要性。在进行大学英语的跨文化教学过程中，能够做到始终坚持语言教学与文化教学相结合的教学方式，分别从语言意识、语言学习、文化意识以及文化经历四个相互紧密相连的层面着手，将母语文化在大学英讲学习过程中的正迁移作用充分发挥出来。另外，教师对自身素质的要求，不能仅将自己定位于一个传授知识的教书匠，而应该注重对自身各方面能力的培养，努力使自己成为一名学贯中西的学者型教师。

大学英语跨文化教学过程中，除了教师教学理念的更新与教师自身文化素养的培养与提升之外，对大学英语跨文化教学中文化理论框架的建构，也是一个必须明确且需要进行更深入分析探讨研究的重要课题。近年来，大学英语跨文化教学过程中的体验教学，成为这一领域学者专家关注的重点内容与目标。在学习的过程中，学生将自己所体验到的内容进行消化吸收，并且将其内化为自身的知识储备的一个组成部分，能够灵活自如地将其运用到实践中去并加以检验。

体验式学习理论对教学理论所产生的影响是极为深远的，尤其是在教学理念方面，正因为体验式教学理论的产生，才使教学活动从被动接受式逐渐转向主动体验式。体验式教学模式，对教师在教学过程中提出的要求就是根据教材的课文内容，为学生创设出尽量逼真的文化学习情境，使学生在这种较为逼真的教学情境中去体验、去感同身受目的语言的文化内涵，从而达到学习跨文化内容的目的。

体验式教学模式的核心就是对直接经验进行体验。大学英语跨文化教学中的体验式教学，是以建构主义理论为发展基础的。在建构主义者的理论观点中，学习过程就是一个建构过程，学生作为学习的主体，那么，教师在建构主义者看来，应该是处于一种协助者、促进者的位置，而不是像过去的英语教学模式中教师始终处于一个知识灌输者与提供者的角色。从教学方法来看，建构主义有着多种多样的教学模式，但是，情境创设和协作学习却从始至终都贯穿各个教学环节。

在建构主义教学理论架构中，学生不是通过情境创设与协作，来积极主动地建构起自己对所学知识的意义构架。同过去那种教师作为课堂教学主导的教学模式相比较，体验式教学模式更为突出强调的是学生在教学过程中的中心主体位置，将学生的自主学习看作是最为重要的，认为这更贴近学生对所学知识进行内化的学习认知规律。对于课文内容进行真实环境的创设与模拟，将学生带入所学内容的情境中，能够从更大的程度上激发出学生们的学习热情与参与学习的积极性。学生们能够在这种虚拟的语境中体验、感受、发现语言应用技巧及使用规则，并且能够将其运用到情境的实践检验之中。

大学英语跨文化的体验教学，体现了英语教学的新进展，既符合以往的交际教学法的原则，同时又体现了任务教学法的特点。此外，体验式教学方法突破了时空的局限性。特别是当下飞速发展的高新科技如多媒体、互联网等的广泛运用，为大学英语进行体验式学习提供了更为丰富的体验渠道。将这些高新科技的发展成果运用到大学英语的跨文化教学过程中，不仅增加了英语学习的趣味性，同时，在这一运用的过程中，学生的思维与感官都会相应受到不同程度的刺激，学习的积极性、主动性、趣味性都被调动起来，从而真正实现快乐学习、记忆语言文化知识内容的效果。

随着社会的进步与发展，世界各民族的思维方式、价值理念、生活方式、社会规范等，都会相应地发生一些改变。这就要求教师在进行大学英语跨文化体验教学的过程中，将教学的中心置于学生身上，将学生作为教学活动的主体，增强学生们的文化体验学习。在大学英语跨文化教学过程中，要以一种全新的教学理念、清晰的教学思路来促进课堂内外的跨文化体验教学，从各个层面多角度、多方位地采取措施，以加深教师自身对大学英语跨文化教学的认知，从而使其能够更好地投入跨文化教学的工作中。

二、明确教学目标的合理性

大学英语教学以培养学生的综合素质与应用能力为目的。在这一目标的规定下，交际意识和文化能力都得到了一定的强调与重视。大学英语跨文化教学的目的，其实就是培养学生在进行跨文化交际时能够用得体合适的语言进行交流的能力。[①] 因此，需要学生对目的语丰富的文化内涵有所了解与认识，这样才能够更好地掌握目的语言的使用规则。

在跨文化交际中，不仅只是帮助学生认识了解到英语民族的人们观察世界的方式和思考问题的方式，更为重要的是协助学生运用英语民族的视觉与思维方式来表达其所看到的事物、行为习惯等，以便真正学会用得体的语言与方式同英语民族的人们顺利地进行跨文化交流。

对异域文化的敏感度以及容忍度，决定着跨文化交际的成败。学生不仅要对异域民族的生活习惯、思维方式、认识模式以及合作态度等有所认识与了解，更需要对自己交际对象所拥有的文化背景与风俗习惯等有一定的敏感度与包容性。在跨文化交际过程中，其实交际者最容易犯的错误便是以自己母语文化的视觉去审视目的语言的民族文化与思维习惯，而不去深入探究隐藏在文化表象背后的深层内容。这就需要教师尽

① 刘浩. 英汉比较与跨文化交际能力的培养[M]. 北京：中国纺织出版社，2018.

可能多地为学生创造一些真实的文化体验情境，通过直接的经验感受，引导学生对隐藏在文化背后的深层含义有更为深切的解读与理解。同时，还可以通过参加培训班等方式来拓宽体验渠道，引领学生能够用目的语言的文化思维去进行思维判断，以更好地提升文化敏感性、包容性以及面对着不同民族之间存在的文化差异处理的灵活性，从而确保跨文化交际的顺利进行。

对学生而言，在对外来文化进行吸收借鉴的同时，也要能够将自己本民族的优秀文化传统传播出去，融会贯通中西方文化，这既是大势所趋，同时也是大学英语进行跨文化教学的最终目的所在。

跨文化交际能力的培养，是大学英语教学目标中面临的新任务。从这一目标中人们可以看出，英语社会功能再演变，是顺应全球经济、政治、文化一体化发展态势要求的，是体现英语社会功能的一个层面，充分表现大学英语教学所具有的社会功能服务性的一个层面。

大学英语教学新目标的制定与确立，对大学英语教学提出了新的要求，要更新大学英语教学理念、改革英语教学的体系。这已经成为当前大学英语教学必须面对的问题与挑战了。

第二节　情感体系构建

跨文化交际能力的情感体系，具体包括对不确定性因素存在的包容程度、灵活性、共情能力、悬置判断能力等。为了能够确保跨文化交际的顺利进行，在大学英语的跨文化教学中，对英语文化学习的浓厚兴趣的培养是极为重要的，要培养学生对英语民族文化的欣赏性，从内心深处乐意了解并接受英语民族的文化知识。在当下的全球化发展情境中，人们进行的大学英语跨文化教学，不能只注重于英语民族文化知识内容的导入。同时，对本民族的母语文化也应该给予足够的重视，在教学过程中进行双向的交叉教学。

教师在教学过程中，不只是对英语民族文化知识内容与本民族的母语文化知识有所认识与理解，对用英语来表达本民族的文化传统特征还要有深入的掌握，对已经掌握的文化知识进行内化，从而再生长成为他们自身独有的文化财富。通过中外文化的兼容并蓄，学生的理解认识能力必然会有一定的提升，判断与整合能力也会得以相应地增强，敏感性与洞察能力也有所完善。对接受的各种知识能够进行理性地分析与判断，从而以一种极博大的胸怀以及更为高远的理想来应对跨文化交际过程中可能发生的矛盾冲突。

一、英汉文化并重

在全球化发展的背景中，在引入世界先进技术与文化的同时，也在将本国先进文化科学传播到世界各国人民的视野之中。

因此，大学英语跨文化教学的目的，是使两种文化在学生的身上形成一种很好的互动，从而使学生具有一定的文化创造能力。大学英语跨文化教学过程中，需要将英语民族文化融入英语语言的教学之中，最终实现双向教学导入，加深学生对本民族母语文化的认识与理解，帮助学生在本民族语言文化的基础上更好地进行跨文化交际与学习，提升跨文化交际能力，更好地培养跨文化意识。无论是教学主管的各级部门，还是学校教师自身，都应该有意识地引导学生在英语跨文化教学引领的过程中，注意对本民族母语文化的学习与理解表达。

（一）发挥教学监督引导作用

我国的教学主管部门需要对跨文化交际过程中出现的问题及动向进行监督引导。在各类教学部门的文件与教学大纲中应有明确规定，从而确保教学部门在大学英语跨文化教学中所具有的监督性与引导作用。

（二）提高教师自身能力

目前，就我国的大学英语教师队伍而言，无论是其对英语民族的文化知识内容的认识与理解，还是对于中国文化知识的理解，都存在着差距。面对着跨文化交际的发展态势，大学英语教师必须自身具备相当的跨文化交际背景知识，同时，要注意培养学生的平等文化意识。此外，大学英语教师自身要具备一定的文化宏观意识。同时，还需要有微观方面的具体教学操作能力。在教学过程中，教师要掌握跨文化教学的相关结构与表达方式，达到在跨文化交际过程中灵活自如地进行英语表达。其最终目的就是提升文化创造力。

(三)加强学生跨文化交际的主动性

跨文化交际的情境活动，有助于培养跨文化交际主动性。无论是学校还是教师，都应该积极鼓励学生抓住一切参加跨文化交际的机会，积极参加国际性的文化交流活动，让学生切身感受不同文化，从自己的意识深处认识到中国文化在跨文化交际过程中所具有的重要意义，从而注意培养母语文化的英语表达能力。在跨文化交际中树立起自己对本民族文化英语表达的自信心，最终实现跨文化交际的目的，将中国的文化传播到世界，让更多的人认识理解。

二、发挥母语正迁移作用

学生的本民族语言文化是早已深入学生的头脑之中的，在此基础上，文化的迁移作用，必然会发生在英语的学习过程中。在大学英语的跨文化教学中营造一种合适的语言文化氛围，在突出语言知识技能的同时，也能够更好地强调其客观的文化背景、交际环境以及思维方式等方面的差异性学习。

学生在进行学习的过程中，本身已经拥有的知识必然会对新的知识内容产生一定的影响，这就是所谓的知识的迁移。那些能够促进新知识内容学习的迁移，被称为正迁移，对新知识的学习产生阻碍的迁移，被称为负迁移。

文化迁移的主要表现是在跨文化交际过程中语言使用的不得体性。这种不得体性就是跨文化交际不能顺利进行、发生矛盾冲突的原因所在。

对于母语的迁移作用应给予足够的重视。在大学英语教学的过程中，需要在进行大学英语跨文化教学时，努力预测可能发生母语文化的负迁移作用，在进行英语民族文化同母语文化的比较分析过程中，尽量减少母语文化的负迁移作用，积极并充分地利用母语文化所具有的正迁移影响，提升学生的跨文化交际能力。

（一）重视语言文化与英语教学的关系

对所学语言文化的熟悉，有助于得体使用这一语言的整体性。因此，在大学英语跨文化教学过程中应该对英语与汉语之间的文化差异给予足够重视，提升学生对两种语言文化的敏感性与适应性，树立起相应的文化意识与文化观念，并且能够根据学生已有的文化水准设计自己的教学内容。

语言是一种音义结合的符号系统，会随着社会、文化及时间等方面的变化而产生相应的发展变化。在大学英语跨文化教学过程中，可以通过具体的听说读写及看视频录像，举办英语文学讲座等实践性活动，来引导学生对英语民族的文化知识内容进行实践性认识与理解。除此以外，还可以通过对两种语言之间存在的语法、句式、结构、文化内涵等方面内容进行对比，来帮助学生形成跨文化交际意识与文化敏感性。通过比较，选出具有主流文化代表性与深蕴着文化主题的文学精品材料，比如饮食文化等方面的内容，进行专门性解读，以促进大学英语跨文化教学的效果提升。

（二）培养学生的文化意识

大学英语跨文化教学过程中，教师应该引导学生遵循循序渐进的规则，有选择、分阶段地进行英汉文化的系统对比，而不是盲目地对西方文化全盘接受。有目的地了解和认识英语的思维模式与认识模式，并接受。在教学中结合视频语音资料，引导学生如同进入一个真实的面对面对话的场景中。教师有意识地指明对话中应该遵循的文化规约，这样可使学生对英语文化有更深入的理解与认识，使学生更为真切地认识西方的文化传统与习俗，从而培养学生良好的跨文化意识与学习习惯。

三、加强学生文化移情能力

大学英语跨文化教学过程中，教师一定要注意培养学生树立起语言、文化的平等观念，引导学生重视世界各民族的文化特性，从而提升大学生的多元文化意识，强化学生文化移情能力，引导学生能够用平等的观念与视觉来看待本土的母语文化与异族文化，用科学的态度对待母语文化与不同文化之间的差异性与平等性，消除观念中的大文化观。

（一）树立民族平等意识

不同民族与不同文化之间的相互交流，对于丰富彼此的文化内容具有很大作用。但是，这种彼此之间的交流，要建立在平等的基础之上。不同文化之间的交流产生的相互碰撞与误解，是很正常的事情，关键是如何处理好这些源于不同文化产生的碰撞与误会。在不同民族文化之间的交流与合作过程中，交际双方要本着一种彼此了解、尊重的态度来对待文化，并且能够宽容对待彼此文化之间的差异。

跨文化交际是在两个或者两个以上民族之间发生的文化交流，因此，交流的双方最好能够对彼此之间的文化特性有充分的理解与认识，尊重彼此的文化习俗，相互理解。在大学英语的跨文化教学中，应注意培养树立学生的文化平等意识，同时，文化交流的双方都是平等的，对民族文化之间存在的差异性，要很好地协调，使其达到和谐统一，从而实现共同发展的目的。不同民族文化之间的相互交流，必然会促进彼此共同发展创新。

文化不只是需要保持自己独有的个性特色，还需要和其他文化相互促进、彼此融合，共同发展，这样才能够形成一种动态的平衡。[①] 跨文化教学，是当前跨文化交际的需要，具体目的包括：①能够更好地认识理解英语文化的精髓；②能够准确流畅地用英语对母语文化进行传播，使世界

① 邓军莉．英语思维与跨文化交际能力探索[M]．长春：吉林出版集团股份有限公司，2023．

各民族人民对中国的传统文化有更好的理解与认识，从而有效减少跨文化交际时可能发生的矛盾。

任何一个民族的文化都有其各自的优点与缺点，但都是这一民族人民在漫长历史发展过程中总结积累下来的经验总结。随着各民族经济政治发展的全球化态势，各民族文化发展也呈现出多元化的特征。因此。在跨文化交际过程中，都应该注意不断地从其他民族文化中取长补短，不断地丰富补充自身文化的不足，达到共同繁荣。

(二)重视学生文化移情能力

在跨文化交际过程中，文化移情是一种极为有效的沟通交流能力。文化移情是指交际者能够以目的语言的思维观念来看待问题，用对方的立场观点来思考交际中出现的事物:交际者能够有意识地超越本民族母语文化的思维定式，超越母语文化对自己思维观念的约束，从而能够以一种超越现在的态度来对待、感受、体验、理解目的语言的民族文化。文化移情能力是指交际者尽量置身于另一种文化情境中，以另一种文化的思维模式，通过语言及非语言的形式去体验、表达。

文化移情能力对跨文化交际的成败有直接的作用，因为跨文化交际双方在各自的民族文化成长环境中形成了各自的思维模式、价值观念、风俗习惯，在进行跨文化交际时发生一些矛盾冲突是不可避免的，但是，对那些具有较强文化移情能力的人来说，发生矛盾冲突时，能够以对方的立场来看待问题并解决，从而较为有效地避开容易发生冲突的地方，使跨文化交际能力顺利进行。

1. 文化移情的重要性

人类社会出现之后，生产实践活动逐渐地向更为深入广阔的层面进行。不同的民族文化有着极为鲜明的民族特色。无论是社会政治、经济还是文化、制度，都必然在社会历史的发展过程中形成自己民族的特色。在跨文化交际中，最容易产生的问题，就是由于交际者长期处于自己民族文化意识氛围中，已经习惯了本民族母语文化的交际模式、思维方式以及语言表达习惯等。这样，在进行跨文化交际时，若是不具备一定的文化移情能力，则容易以本民族的母语文化意识、交际方式同其他民族的人进行交流。产生矛盾时，也很容易以自己民族的思维习惯、价值观念来解决问题，从而加深彼此之间的隔膜。

2.培养文化移情能力

文化移情能力的培养是对学生文化敏感性与宽容性的培养。交际者首先应该客观地正视跨文化交际双方存在的文化差异性，以及彼此之间价值观念、思维方式、文化习俗等的差异。

为了保证跨文化交际的顺利进行，需要交际者对交际对象的社会文化中所遵循的交际规则、语言表达方式等有深入的理解与认识。具体来说，跨文化交际过程中的文化移情过程分为：①承认文化的差异性存在；②认识自我，能够对自己进行客观公正的评价与分析；③悬置自我，想象自己是能够超出自我与世界的所有部分；④准备移情，充分做好移情的准备，持有一种开放的态度；⑤重建自我，在充分接受并且认识另一种异族文化的同时，对本民族的母语文化也有着相对清醒的认识。

总之，文化移情是多元化文化发展中实现顺利交流最为有效的途径，若想在跨文化交际过程中超越不同民族文化之间的差异性障碍，顺利进行文化交流，文化移情是其必要的渠道。

四、培养学生文化认同感

文化认同是一种归属感，是个体对自己所处的社会群落文化产生的一种依附性与归属感，是个体在此基础上获取属于个体的文化并且对其加以保留与丰富的一种社会文化心理过程。

各个民族在同其他民族的交流过程中，必然对自己民族的文化同异族文化之间的异同进行不同程度的比较与认识。在此过程中，为了更好地与他人交流，必然要放弃一些民族文化中原有的规则与习惯，以达到求同存异的目的。同时，要持有自我民族文化的认同感，以求在跨文化交际过程中保持本民族的文化意识，为母语文化的生存发展求得相应的权利与位置。

文化认同是人类在对大自然认识基础上的一种升华性的认知，对人类的价值取向、认知过程产生较大的影响作用，文化认同经常作为跨文化交际过程中的语用原则来对具体的交际活动进行有效指点。在大学英语跨文化教学过程中，加入中国传统文化教学，最主要的目的是强化学生对本民族的母语文化的认识与理解，帮助大家对本民族文化有理性的认识与判断，从而培养学生开放、灵活的思维模式。

第三节　行为体系构建

一、引导学生进行跨文化情境体验

教材是大学英语跨文化教学内容的承载者，起着关键性的作用。大学英语跨文化教学在选取教材时，需要考虑到提升学生跨文化交际能力所可能涉及的各个方面，又要能够通过多种形式的练习题设计，将复杂的跨文化交际置于所需要的各种技能与知识中。

通过真实的情境扮演与角色分析，引导学生体验跨文化交际中可能出现的文化冲突与矛盾，从而增强学生的文化分析与判断能力，提升学生解决跨文化冲突的能力。

二、编写英语跨文化教材内容

(一)教材内容体现文化融合

大学英语跨文化教材内容的编写与安排以文化作为单元，可以确保教材中的每一部分都有一个鲜明突出的文化主题，通过教师语言的运用，在潜移默化的文化氛围中影响感染学生，使师生熟练地掌握英语民族的文化与语言使用规范。语言内容同文化内容的有机结合，是跨文化交际英语教学的核心思想。教材中，系统的文化主题构成主线，语言教学的内容实际上同这些文化内容融为一体。

(二)教材内容考虑跨文化语言环境

在进行大学英语跨文化学习时，需要注意学生所置身的环境，语言的需求，以及其所拥有的知识结构与层次等多个方面的因素。对西方不同国家的文化知识与中国的传统文化进行比较性的介绍说明，引导学生认识理解中西方文化存在的差异，从而更为深入地体验、感受母语文化同英语民族文化的差异，帮助学生建立有效的进行文化沟通的能力。教材所选的内容要积极向上，充满正能量，它是人类共同的优秀精神文化财富，并通过潜移默化的形式传授给学生，对学生的价值观、人生观等形成正面的积极影响。

具体而言，在大学英语跨文化教学的教材内容选择方面，需要把握：①选取和英语国家有关的历史文化、民族风俗等方面的知识内容，这对学生更深入地理解认识英语民族的文化特色有全面的帮助；②从母语文化中选取一些文化特色进行分析，以便帮助学生从较深层面进行英语民族文化与母语文化的比较，从而更好地培养学生对母语文化、英语文化之间差异性的敏感度与感知能力。

(三)教材内容注重多元化

教材在编写时需要注重民族的动态性、复杂性与多层面性，其所选内容要有一个循序渐进的过程，注意较强的可操作性，可以弹性循环进行教学。只有这样，才能够引导学生在体验英语民族文化时有不断加深与理解的过程。教材内容的程度深浅也要有渐进的过程，由具体到抽象。课程的内容安排能够使其在不同的教学阶段以不同的形式重复出现，范围随着课程内容的由浅入深而逐渐扩大拓展。另外，在跨文化教材编写时，需要遵循系统性、一致性、层次性、时效性的原则，要与时俱进，既能够体现西方文化的精神特质，同时也能够反映出这个伟大时代对人才需求与培养的变化，将人文关怀与素质培养很好地结合起来。

适合大学英语跨文化教学的教材，需要遵循教学材料真实化与语境化的原则。只有在真实化语言教材的基础上，才能够刺激学生对所学内容从认知、心理、态度、行为等方面产生反应与感受,才使学生具有较为真切的跨文化交际的体验感受。[①]

真实性是指所选内容在现实生活当中是切实用到的,在编写安排跨文化教材的内容时,注意选取和学生日常生活密切相关的或者学生重点关注、感兴趣的热点问题与内容。不仅要具有真实性与情境性,同时还必须具备一定的文化性与人文精神性。

在教学过程中,还要设计大量的同跨文化交际有关的练习题。练习题的设计要涵盖跨文化交际意识与能力培养等方面的内容,通过实践性的案例来磨炼学生的语言运用能力、文化知识的掌握以及对现实语境的适应能力等。还可以结合具体的跨文化交际案例,来培养学生在跨文化交际中所需具备的文化敏感性、宽容性以及面对跨文化交际过程中出现问题时处理的灵活性。

大学英语跨文化交际教材的编写,还要注意将跨文化交际过程中动态的人际关系和知识内容及跨文化交际实践具体结合起来,从多个角度、多个方面体现跨文化交际特性,注意选取问题时的多样性以及回答问题时的灵活性。

跨文化交际能力的建构与培养,其侧重点是对学生的文化相对论观念的塑造,以便使他们在进入跨文化交际实践的时候,面对着可能产生的文化矛盾与冲突,能够迅速调适自我情感与态度,进行换位思考。对跨文化交际过程中的文化多元化问题持宽容友好的态度来,使学生能够更为深入地对异族文化有所理解,突破文化单一的局限性,使学生能够较为充分地理解语言和行为。

价值观念同行为规范之间存在的紧密关系,帮助学生从书本知识进入真实的现实生活当中。从更为本质的层面来认识理解母语文化和目的语言民族文化之间存在的异同及根源所在。最终目的就是培养学生在面对异族文化时应该持宽容、开放的态度。对异族文化、价值观念、思维方

---

① 赵素君.英语跨文化交际能力培养研究[M].长春:吉林出版集团股份有限公司,2021.

式、社会风俗等能用对方的角度来思考解读，再通过各种案例模拟训练，使学生在课堂上能真切地感受、体验跨文化交际的实践情境，从而为学生将来进行跨文化交际时可能出现的问题提供解决策略指导。

三、引导学生自主学习

引导学生自主学习，要求大学英语跨文化教材在编写时，不仅要注意教材编写内容的趣味性，还要具有目标针对性，有助于教学目标的设定，能够使学生有一个明白透彻的理解与认识。对练习题的设计与安排，一定要注意给学生一定的自由发挥空间，使学生能够对文化因素进行分析判断，引导学生在身临其境的实践体验中去感受、体会、分析，理解句子在语言中的运用，从而培养学生自主学习的能力。

第六章　跨文化视角下
信息技术与大学英语教学整合探究

伴随信息时代的到来，大学在教学过程中应大力推进信息技术的普遍应用，促进信息技术与学科的整合，将信息技术的优势充分发挥出来，只有这样才能将多样化的教育环境及积极有利的学习工具提供给学生。信息技术与英语教学的整合是现代教育的要求。

第一节　信息技术与英语教学整合的内涵

一、信息技术与英语教学整合的认知

（一）信息技术与课程整合背景与含义

1. 信息技术与课程整合的背景

由于信息技术的飞速发展，多媒体和网络技术的日臻完善和普及，信息技术教育水平不断提高，软、硬件环境不断完善，加之深化教育改革，全面推进素质教育，培养具有创新精神和实践能力的高素质人才和劳动者的社会需要，教育信息化得到各阶层的重视，使我国信息技术教育发展进入快速发展时期。特别是近些年在新课程、新教法的教育改革中，先进的教学理念、以学生为中心的教学方式的提倡、各种形式的教师信息技术能力培训等因素综合影响下，信息技术教育的发展应用跃上一个新的台阶信息技术与课程整合信息技术是计算机课程教育从认识飞跃到更高更深的层次，即信息技术必须融入教学中，必须和学科课程相整合。

教育相关部门提倡大学在开展信息技术课程的同时，努力推进信息技术与其他学科教学的整合，鼓励在其他学科教学中广泛应用信息技术

手段,并把信息技术教育融合在其他学科的学习中。各地要积极创造条件,逐步实现多媒体教学进入课堂,积极探索信息技术教育与其他学科教学间的整合。信息技术与课程整合成为教育信息化进程中理论研究与实践探索中的热点问题。

信息技术与课程整合是当前教学改革的新视点,将信息技术作为改革传统课堂的有效手段,将其和学科课程教学融为一体,优化教学过程和学习过程,促进学生的全面发展、个性发展,构建数字化的学习环境,实现数字化学习成为信息技术与课程整合努力的方向。[①] 但是,这个过程不是一蹴而就的,而是广大教师和教育工作者逐渐积累的成果。在积累的过程中,粉笔和黑板的作用逐渐淡化,多媒体和网络的应用逐渐普及;在积累的过程中,普遍采用的传递方式——接受的主流教学形式将与多元化教学形式共存;教师和学生的角色被重新定位,单纯性的教师讲学生听、教师问学生答的教学情况将被改变;在积累的过程中,学生学习的主体性将被不断提升,学生将进行主动学习,协作学习,从而发展个性,注重实践能力和创新精神将被提高。

2.信息技术与课程整合的含义

信息技术与学科课程整合,即信息技术运用于教育的核心信息技术与学科教学的整合,应从教育观念、学习内容、教育形式、教学手段和方法、教育资源等方面实现。

整合在英语中的主要含义是综合、融合、集成、成为整体、一体化等。最早将其作为专门术语使用的是英国哲学家赫伯特·斯宾塞。此后,整合成为生理学、心理学、人类学、社会学、物理学、数学、英语、哲学等多学科共用的专业术语。在不同的学科中,整合具有独特含义。

整合是相对于分化而言。从系统论的角度说,"整合"指一个系统内各要素的整体协调,相互渗透,使系统各要素发挥最大效益。我们可以将教育、教学中的整合理解为教育教学系统中各要素的整体协调、相互渗

---

① 袁园.信息化背景下的大学英语教学改革研究[M].哈尔滨:哈尔滨出版社,2023.

透,以发挥教育资源的最大效益。从理论上讲,课程整合是对课程设置、各课程教育教学目标、教学设计、教学评价等诸要素做系统考虑与操作,也就是用整体的、联系的、辩证的观点,认识、研究教育过程中各种教育要素间的关系。

“课程整合”是使分化的教学系统中各要素及其各成分形成有机联系,并成为整体的过程。关于课程整合,广义的理解是:课程设置的名目不变,但相关课程的课程目标、教学与操作内容、学习手段等课程诸要素之间互相渗透、互相补充,当这些相互渗透和补充的重要性并不突出,或者已经到了潜移默化的程度时,不必提出整合;反之,需要强调整合。狭义的课程整合,通常指考虑各门原本分裂的课程之间的有机联系,将这些课程综合化。

信息技术与课程整合是计算机学科教学与应用长期探索、实践、反思的结果。信息技术对教育教学有重要作用,已成为世界普遍认同的公理;学校投入大量的资金进行信息化环境建设,但还是存在计算机游离于教学核心之外的情况。显然,为了使计算机的优势真正被教学所利用,在补充、渗透没有达到自然融合时,强调信息技术与课程整合是非常有必要的。经过专家、学者、教师长期的理论与实践探索,信息技术与学科课程整合将会逐渐清晰和明朗起来。

信息技术与课程整合的概念有不同的表述方式,主要包括以下方面。

(1)在开展信息技术课程的同时,努力推进信息技术与其他学科教学的整合,鼓励在其他学科教学中广泛应用信息技术手段,并把信息技术教育融合在其他学科中。信息技术与课程的整合,就是通过课程把信息技术与学科教学有机地结合起来,从根本上改变传统教和学的观念以及相应的学习目标、方法和评价手段。

(2)信息技术与课程整合的本质与内涵,要求有先进的教育思想、理论,尤其是主导在主体教学理论指导下,把计算机及网络为核心的信息技术作为促进学生自主学习的认知工具与情感激励工具、丰富教学环境的创设工具,并将这些工具全面应用到各学科教学过程中,使各种教学资源、各个教学要素和教学环节，经过整合、组合、相互融合，在整体优化基础上产生聚集效应，从而促进传统教学方式的根本变革，达到培养学生创新精神与实践能力的目标。

(3)信息技术与课程整合，指信息技术与指导学生学习的教学过程的结合，在课程教学过程中，把信息技术、信息资源、信息方法、人力资源和课程内容有机结合，共同完成课程教学任务的一种新型教学方式。[①]

(二)信息技术与英语教学整合的内容

信息技术与英语教学整合，具体而言，是将信息技术与英语教学的教与学融为一体，追求信息技术在促进教师教学、学生学习和学生全面发展方面的实效，发挥信息技术优势，冲破传统教学模式的缺陷和不足，革除传统课程教学中的不足。

在信息技术与英语教学整合的实践活动中，教师应将以人为本的课程理念和教学思想为导向，通过教学设计，以符合学科特点和学生学习需求的方式应用信息技术，追求信息技术在促进教学、学习和学生全面发展方面的实效性。

1.信息技术与教师整合

信息技术的迅速发展和广泛使用，丰富了教学资源和教学手段，从而对英语教师提出更高的从业要求。因此，广大英语教师必须实现教育教学意识的现代转换，构建复合的知识结构，完善人格品质。

(1)展现人格魅力

不论信息技术如何发展，始终无法代替教师作为领路人的作用，无法代替教师的人格影响。在知识传授渠道极大丰富以后，教师的价值更多地体现在人格影响方面。因此，英语教师必须树立崇高的职业理想，不断增加自我意识和使命感，要富有灵性、悟性和冲动，以鲜活、旺盛的创新精神和创造能力，面对不同主题、不同内涵的教学活动。

一个人的自我评价往往是其事业成功与否的重要标志。每个教师都

① 郭坤.信息技术与大学英语教学的生态整合[M].现代教育技术，2016(10)：67－72.

要善于认识自己、发现自己，追求成功。此外，还必须树立团队意识，善于合作。教师人格魅力的影响对学生而言是潜移默化的，教师之间必须在竞争基础上进行合作，在合作基础上进行竞争。

(2)更新教育理念

教师应树立以学生发展为本的观点，在教学过程中以学生的身心发展特点和成长规律为出发点，采取有效的方式或手段，唤醒每个学生的潜能，培养学生正确的治学态度、科学的思维方式、丰富的精神世界和高尚的道德情操，激发学生的学习与研究兴趣；作为学习的组织者和指导者，英语教师应树立学生主体观念，充分尊重学生主动学习的权利，为学生提供学习条件和机会，帮助学生主动参与，鼓励学生发现课题、收集资料、处理信息、思考问题。

在教学过程中，教师应发挥在认识问题和理解问题上的优势，培养学生探索精神、创新精神与求异思维。在信息技术迅速发展和广泛运用的社会中，学习方式以创新性学习为主要特征，教师被学生问倒的现象并非偶然发生。因此，教师应向学生学习。只有确立先进的教育民主化观念，突破传统师生关系上的领导与被领导、管理与被管理的状况，建立科学、民主、平等的新型师生关系，才能更好地适应形势发展要求。

现代教育思想是运用现代教育理论和现代信息技术，通过对教学过程和教学资源的设计、利用、评价和管理，以实现教学优化的理论和实践。英语教师作为课程的领导者和组织者，必须树立现代教育思想观念，运用现代教育技术探索、构建新型教学模式，通过构建新型的教学模式，促进现代教育技术环境和资源开发，建设现代化教学体系，优化教学全过程，提高教育教学质量，为社会培养新型人才。

(3)优化教学方法

增大课堂信息容量，优化课堂教学方法，是课堂教学的中心任务。因此，学生英语能力的形成，依靠个人的英语语言实践。运用教育信息技术，能够充分调动学生的主动性和积极性，发挥学生主体参与作用，融教法、学法于一体；教师应加快课堂节奏，增加课堂信息容量，加大语言输入量，为每位学生提供更多的语言实践机会。例如，在教学时，教师可把重点、难点，即情景对话、图片、板书要点制作成课件，节省讲解和板书时间。教师可以精讲多练，加快课堂节奏，并且在进行阶段性或总复习时，对已学的众多知识进行系统整理和归纳，或制成可供学生自学、复习的学法指导或资料库。利用计算机的网络性，学生随时随地调用所需资料，在短时间内形成完整的知识网络，不仅优化了教学方法，还提高了课堂教学效果。

信息技术英语教学整合是一次革命性的教学观的转变，其在教学中的不断渗透和深化，使教师的角色由权威的指导者、知识的给予者转变为学习的促进者、协调者和监控者，教师既是学习资源的组织者，也充当一种资源。这种角色转变需要教师善于创设平等、自由的学习气氛，以促进师生之间、生生之间充分交流、讨论；教师需要帮助学生对学习状态和学习策略进行有效监控和调节；教师需要探索更为适宜的评价方式，全面评估学生的学习过程和结果，及时给予反馈和鼓励。

(4)提高技术水平

将信息技术作为一种技术手段和学习资源运用到英语教学中，能够对学生的学习达到一举多得、事半功倍的效果。然而，正确高效地运用信息技术，也对教师提出了更高要求。英语教师需要将素材资源库与制作平台相结合，根据教学实际，充分利用现有条件，从中选取适合教学需求的内容编辑制作课件；灵活运用办公系列软件，如Word文档处理、Power Point幻灯片式图文展示、Frontpage编辑制作网页等。这些最基础的信息技术手段对于一线英语教师还有一定难度，需要不断培训和学习，

信息技术在教学中的应用，要重视信息的获得、筛选与运用，技术是获得和加工信息的工具。实现课程整合重要的是教育观念的革新。课程整合将信息技术看作各科学习的一个有机组成部分，要在已有课程（或其他学科）学习活动中进行有机结合，以便更好地完成课程目标。但整合不等于混合，强调在利用信息技术前，教师应清楚信息技术应用于课堂的优势和不足，以及学科教学的需求，设法找出信息技术在哪些地方能够提高

学习效果，使学生完成用其他方法无法做到或效果不好的事情，使信息技术成为一种终生受用的学习知识和提高技能的工具。

如何将信息合理度展示给学生，将对学生的英语学习产生重要影响。[①] 集图形、声音、动画、文字等多种信息功能为一体的教学资源，以全方位、多层次吸引学生，增加信息获取量，使课堂英语教学更为生动活泼，趣味盎然，让学生身临其境，使学生自始至终保持强烈的兴趣，易于接受、记忆新的语言材料和学习内容。要充分发挥以计算机为核心的信息技术优势，扩展课堂容量，提高教学效率。信息技术与英语教学有效整合的关键在于，教师能否认真钻研教材，依据学科特点和教学实际，开发出适宜课堂教学实际的CAI(计算机辅助教学)课件，真正发挥现代化教学设施效益，给整合提供有力的技术支持，切实提高课堂教学效果和质量。CAI课件的设计必须结合教学实际，根据学科教学目标与教学任务，因材制作，因人施教，灵活运用。作为英语学科，CAI的设计应从着重培养学生听、说、读、写的综合能力出发，创设语言情境，激发学习动机，启发、引导学生对所学内容的正确理解和运用，并且突出重点、难点，提高学生的综合语言运用能力。

(5)加强理论素养

在日新月异的信息社会里，教师必须不断“充电”，才能顺应科技进步和社会发展。从这个意义上讲，教师也要做终身学习者。

作为一种新的课程设计思想和教学模式，信息技术与课程整合具有深刻的理论背景，主要包括心理学、知识论、社会学和教育理论。对课程整合有重要影响的心理学理论包括发展心理学、多元智力理论、成功智力理论等。随着科学技术的飞速发展，信息传播快速广泛，知识更新加快，人类社会的生活方式也随之变化，使人与人之间的理解和合作更加重要。

世界各国社会的民主化和社会的多元化、经济的市场化，要求大学课程以新的内容和新的组织形式适应新的社会变化，满足学生个性发展的

---

① 赵晓峰.信息技术环境下的英语教学研究[M].天津:天津科学技术出版社,2019.

多元化需求，也构成课程整合的社会学基础。同时，课程整合的理论基础还包括建构主义学习理论。建构主义学习理论主张学生是学习中心，是信息加工和意义的主动建构者，都为信息技术与课程整合的进一步发展提供理论指导。对此，教师要不断学习新的理论，努力做好教育教学。

教师是实现整合的关键，现代教育理论认为教师不再是传统意义上的课堂教学主宰者，而是教学的组织者，学生的指导者、合作者，学生学习的促进者。因此，教师与技术整合是教学中的首要问题。为此，教师应勤于学习现代教育理论和教育技术，熟练运用各种教学所需的软件与多媒体技术，积极自觉地运用网络，获取最新信息，追踪英语教育理论与实践的前沿研究成果，提高自身理论研究水平，丰富教学资源，并将这些运用到课堂教学中，既可以激发学生的兴趣，引导学生自觉运用技术协助英语学习，又可以创设良好的课堂情境，为学生学习知识和锻炼语言运用能力创造条件。由于学习资源的极大丰富，教师在筛选学习资源、组织学习资源、传递学习资源方面的主导性作用特别重要，而教师就是网络知识海洋中的“导航者”。

(6)提升科研能力

教师应在教学之余，通过互联网搜集各种有关英语学习和教学的网站，搜集积累教学和学习素材，丰富课堂教学材料，还要通过英语教学研究网站进行网络在线学习，开阔自己的教学研究视野，提升自己的专业水平和业务能力。教学研究网站，如基础教育英语教学与研究网站、中国计算机辅助语言教学研究网站、教育技术通讯网站、人教社英语网站等，都是专业英语学习和信息技术结合的网站。在利用信息技术整合英语学习和教研的过程中，师生能够教学相长。许多学生掌握了一定的计算机技术，就能够帮助教师解决信息技术运用中的相关问题，从而提高课堂教学效率。教师可以向学生学习技术和应用，学生在应用中也可以巩固提高技术和利用技术学习的能力，增强英语学习的兴趣，既教学相长，又密切了师生的关系。

对英语教师而言，建好、用好英语网站不仅是为了共享教学资源，方便教学,还是利用英语网站发布信息,在全国乃至全球范围内交流教学经验,开展合作研究,交换学术成果。英语教师可以通过互联网上的网络讨论组,组织学术讨论活动,召开英语教学研讨会,推出最新的教学成果,让更多的英语同行和英语学习者获得收益;教师还可以把自己优秀的教案、课件放到学校网站上进行共享。

(7)提倡终身学习

英语教师作为课程设计者和开发者,要使自己适应形势发展需要,必须不断学习,不仅要具备普通教学的基本素质,还要具备计算机技术、视频技术、音频技术、通信网络技术、影视技术、编导理论等方面的基本知识;必须掌握在多媒体网络化教育环境下进行多媒体网络教学、利用多媒体技术进行教学设计的知识技能,必须密切追踪当代科学技术、社会人文领域的最新研究动态和成果,具备基本的科学人文知识,强化网络意识和网络文化适应意识;应富有敏锐的职业洞察力、卓越的教学监控能力,高效率地解决教学过程中的各种问题。

由观念适应到知识适应、技术适应乃至文化适应,教师应全方位加强自身适应信息化生存环境的能力,成为信息化教育中的行为主体。

2.信息技术与学生整合

学生是教学的中心,是学习的主体。信息技术和多媒体技术所特有的集声、光、色彩、图片、动画和影像等于一体的影音效果,使学生接受多种途径的感性刺激,有利于对知识进行记忆。通过网络获得的有益教学的信息,则是传统教学所无法比拟的,能够激发学生的学习兴趣,可充分发挥学生的主体性。学生将所学与信息技术相结合,通过探究和发现进行学习。例如,为准备一个课题的学习,学生不仅可以利用搜索引擎在互联网上搜索、筛选、选择和分析相关信息以及有关音像资料;还可以跨学科学习同一课题,开阔视野,培养创新精神。这样,学生从传统的知识被动接受者转变为主动发现者、建构者,并养成自主学习的习惯。因此,信息技术成为学生的认知助手和培养研发能力的工具,成为辅助英语学习的助手。

(1)培养和发挥学生的主体性

学生在教师指导下,利用教师提供的资料或自己查找信息,进行个别化和协作式相结合的自主学习;在利用信息技术完成任务后,师生共同进行学习评价、反馈。在整个教学过程中,学生能够发挥主体性,发展个性;教师在整合教学中发挥主导作用,以各种形式、手段调动学生的学习积极性,帮助学生实现学习目标,有利于学生主体性的发挥和问题解决能力的培养。

信息技术和课程整合在我国还处于起步阶段,有利于学生的学习和成长。但信息世界并非一片净土,比如网上有许多不健康的内容,学生上网存在不能自控的失范行为。因此,教师应善于引导学生,发挥网络的积极作用,促进英语教学。

(2)培养学生的创新精神

信息技术和多媒体技术所特有的影音效果,使学生接受多种途径的感性刺激,有利于对知识的记忆。学生利用搜索引擎在互联网上搜索、筛选、选择和分析相关信息,以及对有关音像资料进行探究学习,培养创新精神,其中学生是教学中心,是学习主体,在英语学习中利用英语学习环境,积极构建知识意义,进行语言运用练习。

(3)培养学生的探究精神

信息技术成为辅助英语学习的助手,通过网络了解外国的社会环境、风俗习惯、民族心理、历史文化,对学生的英语学习有很大帮助。教师可以根据英语教学的教学内容,将所呈现的学习内容进行收集、加工、分析、处理、整理成多媒体、超文本的学习资源,为学生创设一种直观形象、生动有趣、便于理解记忆的语言环境和语言交际情景,让学生在这些情境中进行探究,使学生自主地发现问题,通过动手操作,提出解决问题的方案与办法,这样做有助于学生对学习内容的理解和学习能力的提高,有利于进一步培养学生的探索精神。

3.信息技术与学习整合

信息技术与学习整合,主要体现在教师对学生进行学习策略的指导和学生的自主学习。[①] 通过信息技术学习英语是一条全新而有效的途径。在以学生为主体的英语学习中,对学习策略的指导尤为必要:一方面是对英语语言学习规律的把握;另一方面是如何运用多媒体技术和互联网辅助学习。对此,可以通过课堂教学和课外学习中的讲座、讨论、指导学生认识英语学习规律;还可以把在互联网上浏览时收集到有助于英语学习的网站分类整理提供给学生,为学生自主学习和运用网络学习英语提供帮助。在课堂学习中,学生可以较好地利用从网站中获取的信息,拓展有限的课文内容,通过计算机技术做成电子作品,丰富课堂学习内容,使英语学习更有趣味。

4.信息技术与教材整合

与英语课本及其相关练习和阅读材料相比,信息技术与互联网所提供的资源是超乎人们想象的。信息技术和互联网已经打破传统课堂教学模式,教师和学生可以借助网络收集和整理相关课题资料,并作为教材课题的拓展学习资源,通过文本阅读讨论,或以幻灯片形式学习,也可以在学校主页上建立链接进行网络学习;由教师把经过认真筛选的相关网址提供给学生,让学生进行自主学习。这种方式的学习可以使教学信息得到极大扩充,知识范围广泛拓展,课堂结构更趋开放。同时,学生的视野得到开阔,思路更加清晰,利于创造力的培养。传统教学中,课本就是世界,而今世界成为课本,学习资源可以随时随地选取,这是信息技术与教材整合的优势。

5.信息技术与课程评价整合

信息技术在教学评价中大有作为。信息技术的应用丰富了评价内容,使其更加全面、更加科学。首先,信息技术使评价和反馈变得简捷,如网络课堂上,教师可通过留言板等掌握学生的学习进程;其次,信息技术拓展了评价内容。信息技术可以作为一项评价学生的电子作业的标准,如幻灯片、网页等。对于学生评价的重点,可以是课题研究计划的可行

---

① 袁园.信息化背景下的大学英语教学改革研究[M].哈尔滨:哈尔滨出版社,2023.

性、研究方法的有效性；学生的参与程度、协作意识；作品是否切合主题，内容的丰富性、合理性、创新性；技术的应用程度；等等。教师还可以通过英语学科题库进行测评，为评价提供参考数据。条件许可时，可以在线课堂测试检验学习效果，这些都为教师反思和调整教学内容、手段和步骤提供了必要参考。教师可以利用办公软件和校园网络，轻松对学生所有相关数据进行电子化管理，比如学生的各种测试成绩、行为记录和学期评价等。利用信息技术，教师的工作效率明显提高；评价内容更为丰富，教育管理更加科学有序。

二、信息技术与英语教学整合的作用

同信息技术一样，教学也是一种手段，信息技术与英语教学有效整合的结果仍然是一种手段，使用这一手段的目的是充分利用现代信息技术优势，促使教学任务更好地完成，从而推动素质教育顺利进行。显然，这种整合模式应该成为学生获取信息、探索问题、合作学习、解决问题和构建知识的认知工具。

(一)进行英语教学演示

进行英语教学演示是信息技术与英语教学整合的最初形式，也是最基本的层次。英语教师利用教学软件或多媒体素材，编写多媒体课件，用动画、影片等营造、创设语言情境，激起学生的学习兴趣，并且使教学更贴合实际。信息技术与英语教学的整合，使计算机代替粉笔、黑板等传统教学媒体，实现传统模式无法实现的教学功能。

(二)促进教学主体交流

英语教学过程应该是师生之间、学生之间互动的交流过程。通过互联网、局域网的硬件环境，实现师生之间、学生之间的专题质疑、问题研讨和感情交流，以及师生与外校、外地、外界的链接，达到快速、优质、高效的目的，实现知识获取和能力训练的最大效益。信息技术与英语教学的整合，可以实现个别辅导式教学，既能代替教师的部分职能，如出题、评定等,还能较好地实现因材施教,解决因主体个别差异导致的质量失衡问题,并且更加有效地提高学生学习的投入性、自觉性。

(三)增加课堂知识密度

信息技术与英语教学整合可以改变课堂教学模式,提高课堂节奏,增加教学密度,增强课堂知识的容量,扩大学生知识面,还能培养学生动手、动脑的能力,促使学生积极思维,形成师生之间、生生之间的多层互动,激起学生主动学习的欲望,使学生主动参与课堂教学活动。教师在使用信息技术时应从实际情况出发,制作诸如“插播片”“片断片”“素材片”等课件;在具体教学活动中,有效利用这些课件,使现代信息技术真正起到辅助作用,从而更好地发挥学生的主体作用。现代信息技术与英语教学整合的主题是语言学习主体是学生,信息技术是辅助。

在教学过程中,教师是学生学习的指导者和活动的组织者,学生不再被动接受,而是主动参与、发现、探究,教学过程成为探究问题、协商学习等以学生为主体的活动过程。现代信息技术教学主要采用视听手段,在课堂上进行大量交际练习,学生练习使用英语的机会比传统教学模式更多,更有利于培养学生的听说能力,现代信息技术教学还可向学生展示有关其他国家的风土人情及相应背景知识,可以丰富学生的英语知识,开阔他们的知识视野。

(四)优化课堂结构

学生所获得的知识大部分来自课堂,优化课堂结构显得尤为重要。在英语教学中,需要引入各种媒体,教师的备课资料和收集到的信息,包括课文、练习、问题、演示,以及相关的预备知识、补充材料等,在具体教学过程中出现时间、方式、次数等,都是动态的和随机的,会受到课堂教学中各种因素影响。在常规教学手段下,各种教学信息分别出现在教科书、录音机、录像带等媒体中,很难有效整合在一起。通过利用超文本的网状非线性信息管理方式,教师可以根据思维习惯和教学要求,把所有资料链接到一起,方便教学。信息技术还可以超越时空,把教学内容逼真地再现,使抽象的知识变得具体化、简单化、直观化，缩短客观实物与学生之间的距离，降低难度，使学生容易接受和理解，获得深刻、清晰的感知。

（五）促进资源环境生成

信息技术与英语教学的整合，可以突破书本作为知识的主要来源限制，而不断生成新的、丰富多彩的教学资源环境。例如，异地景观、背景材料、实物模型、重要数据等是课本所不能容纳的，而这类材料却能够丰富教学资源环境。以英语学科为例，其信息技术资源包括英语教学中所凭借的信息技术手段及其相应配置，还包括通过信息技术进行数字化的自然、社会、人文等资源。这种资源被开发利用，英语教学的手段和条件都将发生巨大变化。

（六）提高学生学习效率

在学校教育教学中，所有教学计划在很大程度上将依赖于为达到教学目标而采用的教学媒体。教育心理学认为，现代信息技术和英语教学的整合能够极大地提高人们的学习效率，人们在学习时通过听觉获得的知识能够记忆15%，通过视觉获得的知识能够记忆25%，如果同时使用两种传递知识的方式，能够获得65%的知识。现代信息技术和英语教学的整合是利用形、声传授知识，使学生充分利用视觉、听觉接受知识，综合利用各种感官进行学习，以取得最佳的学习效果。

现代信息技术与英语教学的整合，使学生不但使用视觉器官，还调动他们的听觉器官。语言的音、形、义是一个整体，在呈现中不能将其割裂。利用现代信息技术进行听、说训练，可充分调动学生的视觉、听觉、触觉，使其互相配合，加大语言信息的刺激量，从而提高学生的学习效率。

（七）促进研究性学习发展

近年来，研究性学习已经突破课外活动限制而被提升成为基本的课程内容之一。大学要通过课程改革，加强学生基本素质培养，通过规范的课程教学，把学生培养成为学会生存、懂得知识、掌握技能，具有发展能力的身心健康的人才。研究性学习正是课程改革的重要内容之一。在教学过程中，根据英语学科内容，利用多媒体集成工具或网页开发工具，将需要呈现的课程内容，以多媒体、超文本、友好交互方式进行集成、加工处理转化成为数字化学习资源，同时，根据英语教学需要，创设一定情景，并让学生在情景中探究、发现，有利于学生对学习内容的理解和学习能力的提高。

(八)培养学生终身学习的态度与能力

当今，“终身学习”已经由人们单纯的愿望变成具体的行动。学会学习和终身学习是信息社会对公民的基本要求。信息技术与英语教学的整合，迎合时代要求，在培养学生树立终身学习的态度上有独特优势。这种整合使得学生具有主动吸取知识的要求和愿望，在付诸日常生活实践中能够独立自主地学习，自我组织、制订并实施学习计划，能够调控学习过程，对学习结果进行自我评估，这无疑在学习方法上是一种革命式变革。

(九)培养学生适应能力与解决问题能力

新旧英语教学方式的区别，最根本的在于能力的掌握。在信息时代，知识和技术成为第一生产力，是社会生产力、经济竞争力的关键因素。知识本身发生激增、剧变、更新，而且频率加快，周期缩短，同时知识本身的高度综合和学科渗透、交叉，使得人类的一切领域受到广泛影响。在这种科学技术和社会结构发生急剧变革的大背景下，适应能力、应变能力和解决问题的能力将变得更为重要。为此，大学必须改革英语教学方式，培养学生上述能力，才能适应社会发展。由于信息技术和英语教学整合，能够最大限度地开发学生潜力，调动学生的积极因素。

(十)培养学生的信息素养

整合可以培养学生的信息素养与信息利用素质。信息技术融入英语教学过程，使英语教学方式发生变革，英语教学视野被开阔，英语教学内容得到丰富，学生对信息的获取、分析、加工和利用，成为英语学习过程的主要内容，因而可贴近现实生活实际，融入网络时代，利用信息能力解决问题。

三、信息技术与英语教学整合中注意事项

(一)把握整体性原则

在整合课堂教学中,教师应以“以人为本”的课程理念和教学思想为导向,通过教学设计,以符合学科特点和学生学习需求方式,高效应用信息技术,追求信息技术在促进教学、学习和学生全面发展方面的实效性。信息技术整合教学设计是一个结构性的系统,教师应把握整体性原则,综合考虑该系统包括的各个要素和环节,包括教师、学生、教学内容、教学目标、教学媒体和方法等,追求信息技术的高效应用,促进教学方式的变革。教师必须明确在整合课堂教学中,教学策略起到核心作用,教师应追求每节课或一系列教学活动在教学、学习和学生发展等方面的实效,而不是过多考虑教学中采用的信息技术,或者所使用的信息技术先进与否。

(二)直观形象教学与语言教学结合

信息技术能够提供真实的直观形象材料,使学生获得全新充分的感知,教师还必须适时进行提示、强调、总结,予以引导,不可只关注直观材料本身而忽略对学生讲解所展示的视觉材料与教材之间的内在联系,忽略形象材料的辅助性和课文材料文字信息的重要性,造成直观形象教学与课堂语言教学相脱节的现象。因此,教师应针对语言教学重点和难点进行教学设计,把握教学内容深度,合理使用信息技术,才能取得良好的教学效果。

(三)把握适时、适度、适当原则

“适时”是运用多媒体时选择有利于学生掌握重点,并使教学达到最佳效果的时机。“适当”是多媒体应用在“精彩”之处,用在激发学生学习,用在突出重点,突破难点之处,用在利于学生内化教学内容之处。“适度”是多媒体运用应做到既不滥用,也不能全然不用,教师要注重发挥多媒体的特点与功能,找准计算机多媒体与教学内容的切入点,合理使用信息技术,从而取得良好的教学效果。

确保发挥信息技术的优势和实效，必须依次考虑以下问题：信息技术是否适用于当前教学内容、学生和教学目标的需要；信息技术在实现当前教学目标方面是否有不可替代的优势，具体体现在哪些方面；应如何通过有效教学策略，使潜在优势转变为教学实效；如何消除当前教学中应用信息技术的不利影响等。[①]

（四）信息技术与多种活动方式综合运用

多媒体网络技术给教育教学带来了一次深刻革命，但它并不是万能的，不能代替学生的操作实践等活动，也不能完全取代教师的地位，只是一个帮助学生认识世界的好工具。要避免信息技术应用与其他活动方式的对立，杜绝切断学生与社会、生活实践联系的“全盘信息化”，不能因为使用信息技术而剥夺学生动手实践的机会。

课堂活动的主要形式不是人机互动而是师生之间、生生之间的互动。要充分发挥教师的主导和学生的主体作用，让学生加工整理、呈现信息，提高他们的主观能动性，创造良好的教学关系。此外，在充分利用现代信息技术的同时，还要注重常规媒体与教学手段的有机结合与渗透，以达到事半功倍的效果。

第二节　信息技术与英语教学整合的重点与特性

一、信息技术与英语教学整合的重点

现代信息技术与英语教学的整合是英语教育教学改革的制高点、突破口。

首先，要在以多媒体和网络为基础的信息化环境中实施英语教学活动，指学与教活动要在信息化环境中进行，包括多媒体计算机、多媒体课

---

① 苏婷婷，董霞，靳慧敏. 互联网背景下的大学英语教学创新研究[M]. 北京：中国书籍出版社，2023.

堂网络、校园网络和互联网络等。学与教的活动包括在网上实施讲授、讨论学习、协商学习、虚拟实验、创作实践等环节。

其次，对课程教学内容进行信息化处理，使之成为学生的学习资源，即教师开发和学生创作，把课程学习内容转化为信息化的学习资源，并提供给学生共享，而不仅是教师用于演示，还可以把课程内容编制成电子文稿、多媒体课件、网络课程等，教师用于进行讲授或作为学生学习的资源。充分利用全球性的、可共享的信息化资源作为课程教学的素材资源，如数字处理的视频资料、图像资料、文本资料等作为教师开发或学习创作的素材，整合到与课程内容相关的电子文稿、课件中，整合到学生的课程学习中，还可利用共享的信息化资源与课程内容进行融合，直接作为学习对象，供学生评议、分析、讨论。

最后，利用信息加工工具，让学生知识重构，利用文字处理、图像处理、信息集成的数字化工具，对课程知识内容进行重组、创作，使信息技术与课程整合不仅向学生传授知识，让学生获得知识，而且可以使学生进行知识重构和创造。

(一)信息技术与英语教学整合的目标

整合的目标是促进英语学科教学质量的提升，促进英语学科教学目标的实现。也就是说整合追求的是促进英语学科的教学质量，提高学生学习英语的效果和效率，而不是技术方面的目标。英语课程的总体目标是培养学生的综合语言运用能力。

综合语言运用能力的形成，建立在学生语言技能、语言知识、情感态度、学习策略和文化意识等素养整体发展基础上，对学生有如下基本要求。

(1)有较明确的英语学习动机和积极主动的学习态度；能够听懂教师有关熟悉话题的陈述并参与讨论。

(2)能够就日常生活的各种话题与他人交换信息，并陈述个人意见；能够读懂相当的读物和报纸、杂志，克服生词障碍，理解大意。

(3)能够根据阅读目的运用恰当的阅读策略。

(4)能够根据提示起草和修改小作文。

(5)能够与他人合作,解决问题并报告结果,共同完成学习任务,对自己的学习进行评价,总结学习方法。

(6)能够利用多种教育资源进行学习,进一步加深对文化差异的理解和认识。

整合是要将信息技术的应用自然地融合在课堂教学中,促进更好、更快、更多、更省地完成上述任务和要求。只有在此基础上,才能追求发展性的培养目标(培养和提高学生的信息素养,不仅限于技术操作),将发展性目标统一在基础性目标的实现过程中,并与之协调发展,而不能本末倒置。①

(二)信息技术与英语教学整合的前提

整合需要结合英语学科特点和学生的心理特点。要更好地完成上述目标,在整合过程中,最重要的是切实结合英语学科的特点和学生的生理、心理特点,要依据英语学科特点和学生生理、心理特点剪裁和组合信息技术,安排课堂内容结构、运用教学策略和设计活动等。

首先,英语教学的学习是学生通过英语学习和实践活动,逐步掌握英语知识和技能,提高语言实际运用能力的过程。其中,听、说、读、写是一个有机整体。在课堂中,应该改变传统过分重视语法和词汇知识讲解的做法,采用任务驱动的途径,把听、说、读、写和译的各种技能结合起来,并将它们统一在具体的问题和任务中,让学生"在做中学,在做中用"。另外,根据英语学习认知过程分析,设计课堂教学的各个环节、步骤和活动。利用信息技术激发学生兴趣,用任务调动学生探究的热情,用个性化的学习让学生独立思考,用协作学习让学生进行交流、运用和建构。还要根据学生爱说、爱动,善于模仿,记忆力强,有强烈的竞争意识和表现欲,喜欢尝试把学到的语言材料随时进行对话、叙述和表演的特点,设计开展丰富

---

① 任杨,何高大.教育信息技术下大学英语教学有效性研究的思考[J].现代远距离教育,2014(3):49—54.

多彩的课堂交际活动，便于学生边学边练，学用结合，使所学语言材料能够在运用中获得巩固和提高。

(三)信息技术与英语教学整合的条件

1.语言学习环境自然与真实

信息技术能够创设自然而真实的语言学习环境。集成性是多媒体技术的关键特性之一，可以将文字、声音、图形、动态图像有机地集成在一起，并把结果综合地表现出来。与课本、录音带等教学媒体相比，多媒体计算机能够提供更为真实、更接近自然的语言输入，提供情景性更强、更生动活泼的语言教学，从而激发学生的兴趣和学习动机。再加上多媒体技术与网络结合，不仅可以提供来源丰富和表现形式多样化的英语输入量，还为学生创造丰富、自然的目标语环境，让他们在真实的环境中学习和接受挑战性的学习任务，促进学习形态由低投入(被动型)转向高投入(主动型)。这点对于学生发现语言规律，建构自己的语言系统非常重要。

2.有利于自主学习的丰富资源

多媒体与网络能够提供丰富的教学资源，引导学生自主学习。借助多媒体计算机和网络的海量存储，每个学生都会很容易得到比以前任何时候都多的信息。各种英语学习网站丰富了教学资源，更使学生获得了更多的学习机会。不仅如此，很多计算机软件还能够提供友好的交互界面，针对语音、听力、词汇、阅读、写作等语言技能提供练习任务，并给予相应的反馈和指导。通过人机对话方式，学生可以自主地探究学习，一方面扩大课堂的信息容量，增大训练的广度、密度和深度；另一方面有利于因材施教和个别化教学，更有利于培养学生的学习兴趣，以使其找到获取知识的最佳途径，获得最佳的学习效果。这是传统的课堂教学所不能比拟的。

3.更好地体现素质教育

计算机和网络使素质教育在英语教学中得到更好的贯彻和体现。在计算机和网络所创设的真实、自然的语言学习环境中，学生不仅满足了个人兴趣，在生动活泼的氛围中感受和体验到特定的语境和标准的语音、语调，从而更好地把握所学内容，还陶冶了情操，开阔了视野，了解到外国的风土人情和文化，进而提高了跨文化交际能力。另外，在和同伴的直接交流中，可以发挥创造思维能力和合作能力，解决实际问题。英语学习是多种感官的协同学习，掌握一门语言必然是听、说、读、写和译能力的综合掌握，计算机和网络不仅可以兼顾这些方面，还可以达到比传统教学手段更高的效果，从而全面提高其素质。

4. 建立新型教学结构与方式

整合是要建立一种新型的教学结构，在整合中不仅是把信息技术作为辅助教或辅助学的工具，还是强调利用信息技术营造一种理想教学环境，通过教师—学生—信息技术—教学资源有机融合和持续互动，建立教师主导—学生主体的新型教学结构，以实现一种能够充分体现学生主体地位的"自主、探究、合作"为特征的新型学习方式，切实促进英语教学改革。

通过新的师生关系、新的生生关系和新的学习工具，为学生创造大量的学习、实践、思考机会，让学生发现和利用当前的信息和资源（包括师生、生生、生机之间的互动交流获得），并用所学知识和技能解决在较为复杂和真实的情景中的"开口"和"对话"，让学生实质性地参与教学过程，真正做到"为用而学，在用中学，学了就用"。

二、信息技术与英语教学整合的特性

（一）信息技术与英语教学整合的可能性

从教师方面看，计算机知识正在教师队伍中普及，而英语教师具有先天优势。从学生方面看，信息技术课程已被列入基础教育的必修课程中，信息技术的基础知识已逐渐被学生掌握。从学校的硬件设施看，广大学校已拥有多媒体教室、网络教室，办公也实现了自动化，并且计算机的数量在不断增加。走在前列的学校已办起校园网，接通互联网，甚至每间教室都成为多媒体教室，每个办公室都成为课件制作室。这些硬件设施为信息技术与英语学科的整合提供了可靠保证，现代化的教育设施为开展教育现代化奠定了扎实基础。以教育信息化带动教育现代化，是教育改革的核心任务。

(二)信息技术与英语教学整合的必要性

传统的英语教学模式是以教师为中心，知识的传递主要依靠教师对学生的硬性灌输，其主动性和积极性难以发挥，不利于创造性人才的培养。信息技术为英语教学注入了新鲜血液并带来了活力；信息技术将抽象的内容具体化，使晦涩难懂的内容变得生动，很容易实现情境教学；信息技术已经在英语课堂上起到至关重要的作用。在英语教学中，有些教学环节运用多媒体技术，可以达到事半功倍的效果，如进行词汇、语法练习时，多媒体呈现的速度更快、容量更大。又如背景介绍、听力练习，多媒体课件图文并茂，加上声音、动画、影像，可使学生更直观地获得感性认识和文化信息，信息技术与英语学科的整合既成功地导入新课，优化教学过程，又增强学生的学习兴趣，激发学生的求知欲望。

(三)信息技术与英语教学整合的有效性

信息技术是现代教育技术的重要代表，是英语教与学中的一把双刃剑，充分发挥信息技术以及多媒体网络设备的工具性功能和互联网强大的资源共享优势，使信息技术恰当、有效地融入英语教学中，从而提高教学质量和效率。

信息技术与英语教学有效整合，一方面可以创新教学模式，增大教学容量，突出教学重点，给学生提供真实的语言情景，增强学生学习的实践性、主动性和自主性，从根本上改变传统的教学观念和模式，优化教与学的过程；另一方面，整合有利于学生形成合理并有效地利用信息技术进行学习和应用英语的策略，培养学生的创新思维和实践能力，以及获取信息、处理信息、传输信息、运用信息的能力。

外语教学目标通常有听、说、读、写等要求，相应的教学内容应包含文字、语音和视频等不同的媒体信息。但是在传统的印刷教材中，有关语音和活动影像的内容无法与文字内容组成一体化的教材，只能以教科书、录音带、录像带三者各自独立的形式，束缚教师的手脚，限制学生的思维，与超文本方式组织的图、文、音、像并茂丰富多彩的电子教材不可同日而语。

(四)信息技术与英语教学整合的协作性

整合的协作性，首先体现在学生互相学习、师生互动、生生合作，从而得到团队的帮助和启发，共同参与完成学习任务。要强调信息技术的普遍应用，充分发挥信息技术的优势，为学生的学习和发展提供丰富多样的教育环境和有利的学习工具。其次，以多媒体计算机技术和网络技术为主的信息技术，具有交互性、超文本性和网络化等特性，使个别化学习、协作式学习和发现式学习得以结合，极大地拓展了英语教学的领域，培养学生的创新精神和实践能力。

(五)信息技术与英语教学整合的开放性

整合的开放性体现在探索和构建新型的教学模式上，这种模式实现了整体教学与个体指导相结合，知识传授与教学信息反馈相结合，真正实现“因材施教”。将英语的学科知识、需要的跨学科知识建成资源库，学生经过简单处理就能够很快找到资源。为了方便学生到更广阔的知识海洋中寻找知识宝藏，利用网络搜索引擎收集、检索相关信息，充实、丰富、拓展课堂学习资源，提供各种学习方式，让学生学会选择、整理、重组、再应用这些更广泛的资源。这种对网络资源的再组织，有力地促进了学生的自主学习。

第三节　信息技术与英语教学整合的路径

一、合理利用网络平台，优化英语课程资源

课程资源作为教学内容的基本载体，决定大学英语教学目标达成的基本条件。对于大学英语教师而言，需要有能力、有意识地选择与课程相关的教学资源，同时注重资源与课程内容的有机结合。在信息化发展环

境下,信息资源的整合与优化已然成为教育信息化的关键所在。利用网络技术进行英语素材的收集、筛选,同时进行改编与转化,也是每位教师需要具备的意识与能力。相比于以往纸质的教学资源,网络信息资源的特性决定其在信息刺激、信息输入量以及信息的可接受程度和转化程度方面更具优势,能够在单位时间内有效提升教学的效率与质量。

二、信息技术与英语教学战略协同,营造合力

在信息化的发展背景下,信息技术在创设英语学习情境以及培养学生听、说、读、写能力方面有着难以替代的优势。此外,以多媒体为代表的教学科技也在文本、声音、动画以及视频等信息处理方面有着独到的价值。总的而言,信息技术的应用使教学方法更趋完善,师生之间的交流更加高效与丰富。

为了更好地利用信息技术,在教学活动的组织过程中,可以借助网络技术创设一个更为形象生动的语言环境,保证学生在学习过程中有身临其境的感受,在一定程度上保证英语教学的开放性、共享性、协作性与交互性。值得一提的是,随着英语考试逐步向"机考"模式(即考试从头到尾都是面对着电脑屏幕,通过听音频,看视频,读文章,敲键盘来完成考试)发展,在教学过程中需要注重英语考试评价方式的革新。注重对学生快速阅读理解能力的培养,加大听力方面练习的比重,以此提升学生的英语应用能力。

三、强化培训,加强英语教师信息素养建设

大学英语教师作为教学活动的重要组织者与引导者,在新时期的教学背景下,同样是实现信息技术与英语教学整合的关键要素。为此,大学要充分发挥自身平台优势,注重对教师的培养,提升教师对于硬件、软件的应用能力。特别是对于年龄较大、具有丰富教学经验的教师,学校应组织他们进行必要的计算机技能培训,在夯实信息技术应用基础的情况下,培养他们信息技术应用思维和应用意识,以此促进大学英语教学活动的

升级与发展。①

第四节　信息技术与英语教学整合的实践

一、信息技术与英语教学整合的具体途径

信息技术与英语教学整合应该借助信息技术的优势，利用多媒体信息集成技术、超文本技术、网络技术等优势特点，作为教师的英语教学辅助工具和学生英语学习的认知工具，构筑数字化英语学习资源，使学生实现英语学习方式的变革，从被动接受式学习转变为自主学习和有意义学习。信息技术与英语教学的整合，将带来英语教育观念的转变，形成新型的教学结构，从以教师为中心的讲授，转变为学生探索发现式的自主学习、协商讨论和意义建构。

在信息技术与英语教学整合模式下，首先，教师要根据教学目标对教材进行分析和处理，并以课件或网页的形式，把教学内容呈现给学生。学生接受学习任务以后，在教师指导下，利用教师提供的资料（或自己查找信息）进行个别化和协作式相结合的自主学习，利用信息技术完成任务。然后，师生一起进行学习评价、反馈。在整个教学过程中，学生的主体性和个别化得到体现，有利于学生的创新精神和问题解决能力的培养；教师通过整合任务，发挥自身主导作用，以多种手段帮助学生学习，进一步调动学生的学习积极性。

信息技术与英语教学整合的具体途径包括以下几个方面。

（一）信息技术作为英语教师的辅教工具

信息技术与英语教学整合是计算机辅助英语教学理念的提升和发展。原来的信息技术教学应用更加关注辅助教学，而且将信息技术孤立

① 黄一平.信息技术与大学英语教学的有效整合路径[M].教育信息化论坛，2021(07)：10－11.

于课程目标之外，不能将其作为教学结构的有机元素看待，故而不能取得良好的教学效果。信息技术与英语课程的整合，并非忽视信息技术作为英语教学工具的功能，而是把其作为信息技术与英语教学整合的一个侧面。信息技术作为英语教师的教学辅助工具，主要是作为知识呈现工具、师生通讯交流工具、测评工具以及情景展示工具等。信息技术作为英语教学工具，将更加关注教学设计的合理性，从英语教学目标出发，真正把信息技术整合于英语教学中。

（二）信息技术作为学生的学习认知工具

信息技术与英语教学的整合，与辅助英语教学具有明显区别，信息技术可以作为学生强大的认知工具，成为学生学习与认知的有效工具，并且根据英语学习目标，学生能够合理地选择信息技术工具。信息技术主要作为英语学习内容和英语学习资源的获取工具、作为协商学习和交流讨论的通讯工具、作为知识构建和创作的实践工具和作为自我评测的反馈工具。学生必须根据学习环境、目标以及预期结果，选择合适的信息技术工具作为自己的英语学习工具。

（三）信息技术作为学习环境的构建工具

信息技术应该构建一个有效的英语学习环境。通过信息技术，可以呈现给学生一个真实的或者虚拟的学习环境，让学生获得体验，学会在环境中主动建构、积极建构，构筑自己的学习经验。信息技术构建学习环境，可以通过网络通讯功能以及虚拟功能等，营造对学生有利的英语学习环境。

二、信息技术与英语教学整合的类型运用

（一）基于多媒体教学软件的英语教学运用

1. 英语多媒体教学特点与原则

英语多媒体教学的特点体现在，在信息传递的全过程中改善了信息源的质量，为信息变换和反馈创造更为理想的途径，有效抑制部分干扰，

并及时收集、归纳来自各方面的信息反馈，从而加大信息量，确保可靠性，最终达到完美的教学境界。学习外语，最佳的途径是使学生置身于外语使用环境中，自然地接受所学语言的熏陶。英语多媒体教学在为学生提供趋于逼真的语言环境时，帮助学生直接接触英语国家的文化、风俗和习惯，使语言的学习与了解有关背景知识有机地联系起来，从而有助于迅速、准确地掌握外语。英语多媒体教学的上述特点，决定其对改善教学条件、扩大教学规模、落实教学大纲的要求、灵活运用教材、突出重点难点、因材施教等方面的促进作用。

英语多媒体教学应遵循以下原则。

（1）最优化

媒体的选择与组合包括电教媒体和其他教学媒体。媒体的效果因人、因时而异。因此，应按具体情况选择最佳媒体组合，使媒体选择与组合最优化。贯彻这一要求，应注意：①选择媒体要全面考虑，综合运用多种媒体，包括传统的与现代化的，要考虑教学的需要、各种媒体的特点和功能，还要考虑现实条件，如教学环境、设备状况、教师素质等。做到因地制宜，因人而异。②媒体的组合要合理，要把各种媒体的使用有机地组合起来，合理地应用于教学过程，力求使各媒体在教学中各尽所长。③在选择能取得相同教学效果的媒体时，以简便为上，力求内容精炼、主题鲜明、操作方便、演示简易、效果显著。④防止音量过大、光线过强、时间过长，即过量刺激而引起抑制的反效果。

（2）反馈性

英语多媒体教学中，通过学生的反馈，教师能够了解学生对知识掌握的程度，从而调节教学节奏，改进教学方法，增减教学内容，做到教其所需，解其所惑。多媒体教学手段的运用，对利用反馈信息进行教学提供许多有利条件，对及时、准确利用反馈信息实现调控，具有独到之处。贯彻这一要求，应注意：①反馈要及时、准确。只有这样，才能使学生明辨是非、强化知识和技能。②善于通过多种形式和途径建立反馈联系。如学生上课时的情绪、表情和思维活动状况；当堂的提问、作业、测验；课后作业与批改、辅导等，都是了解学生状况、建立反馈联系的有效途径和形式。

(3)情景性

语言是人类交流思想的工具，人们的一切言语行为都是在一定的言语情景中发生。现代化教学手段的运用必须体现情景教学特色。贯彻这一要求，应注意：①电化情景可分为视觉情景和听觉情景两类，视觉情景，即发挥视觉功能，把情景活生生地展现出来，如幻灯、投影、录像教学等。听觉情景则是通过耳听感受情景，产生想象和联想，如情景对话、情景录音、课文广播剧等录音教学。视听同步是创造语言环境的最佳途径。②外语电教情景教学可分为三个阶段：感知——呈现情景，形成表象，产生联想；理解——深入情景，理解内容，掌握语言；深化——再现情景，丰富想象，记忆贮存。

2. 英语多媒体教学的运用要点

(1)创设学习情境，激发学习兴趣

英语学习需要一个良好的语言学习和使用环境。多媒体教学软件具有形象、生动的特点，可以提供声情并茂的情境，激发学生的学习兴趣，丰富学生的学习素材，以激发学生学习英语、运用英语的积极性。运用多媒体教学软件进行英语教学，实施的出发点之一是力争使用多媒体教学软件创设出良好的语言学习环境，为学生提供运用英语进行听、说、读、写全方位训练的机会，从而提高学生学习英语的兴趣，有效培养学生听、说、读、写的能力。

(2)提供学习资料，开阔学生视野

英语教学中使用具有丰富内容的多媒体教学软件，可以为学生提供大量的学习资料，而教学软件图、声、文字的结合，可使学生在学习时兴致盎然。通过利用这种学习资料型的英语教学软件进行学习，不仅可以使学生的听、说、读、写能力得到训练，而且在练习英语基本功的同时，开阔学生视野。这种学习资料型的英语教学软件可以是教师自行开发的，也可以从市场购买；学生对这类软件的使用，可以在课堂上，也可以是课后的学习辅助材料。

(二)基于网络资源的英语教学运用

网络教学是利用现代教育技术手段,特别是互联网调动尽可能多的教学媒体、信息资源,建构有意义的学习环境,充分发挥学生的针对性、积极性、创造性,使学生真正成为知识信息的主动建构者,达到良好的教学效果。网络教学具有开放性、自主性、交互性等特征。开放性主要体现在在线学习不受时空限制,资源通过网络而无限延伸;网络学习能充分发挥学生的自主性,网络课程的设计更适合个性化学习;通过网络领导与教师之间、教师与管理机构之间、教师与主题空间之间、教师与企业之间、教师与教师之间、师生之间、学生之间,都可以进行互动交流和信息交流。[①]网络课堂可以通过视频、音频、图片,使课堂教学呈现出异彩纷呈的情景,方便调动学生学习的积极性。

在网络环境下,网络自身是一个生动丰富的背景课堂,不仅为学生提供个性化的学习空间,让他们能够自主学习,教师也可以利用网络资源,为课堂教学创设形象真实的环境。

基于网络资源的英语教学运用具有以下特点。

(1)学习环境的形象性。多媒体英语教学课件可为学生提供真实的视听环境,通过视觉和听觉组合,提高教学效果,而网络英语教学不需要人为地创设一个多媒体环境,网络本身就是一个真实的多媒体世界,学生进入自然真切的情景中进行英语学习,且学习效果可以获得即时反馈。

(2)学习过程的创造性。网络英语教学选定互联网的某一站点或校园网的某一资源库作为学生取舍的素材来源,而对素材的选择、组拼、融合、消化、转换,则是通过学生发挥想象力和创造力完成。

(3)教学模式的先进性。网络英语教学是一种以学生为主体,以教师为主导的全员参与的“双主”模式,没有固定教材,在教师引导下,每个学生都将教师精心挑选的素材个性化地加工成一篇短小课文。也就是说,学生利用网络环境和资源“编制”成“教材”。

---

① 霍然.跨文化英语教学研究[M].长春:吉林出版集团股份有限公司,2019.

(4)学习资源的开放性。网络具有很高的开放性,是一个无比丰富的资源库。和教师事先编制的课件或印刷的课本相比,网络为学生提供了全方位的学习资源。首先,网上的学习资料是动态的,处于即时更新的状态;其次,网上的资料丰富多彩,涵盖社会的各个方面,为师生双方提供很大的选择,有利于培养学生的自主学习能力;最后,网上资料形象生动,图文并茂,很容易吸引学生的注意力,激发他们的学习兴趣。因此,网络英语教学将教室扩大到有信息海洋之称的互联网上,使网络成为学生学习英语的一个组成部分。

三、信息技术与英语教学课程的整合实践

(一)信息技术与英语听力课程整合

传统的听力教学主要是依靠录音机和教师完成。这种教学方法单一、控制不便,而计算机的应用,将弥补这一不足。英语教师可以运用多媒体计算机播放听力材料,这种方式集文字、图像、声音于一体,形象生动,可以激发学生的学习兴趣,有效提高学生听力。在播放中内容可以任意前进、后退/反复,学生如果某一句或某一段没有听懂,可以重复收听,这是录音机所无法比拟的。最后,可以选择地道的英语听力软件。传统的听力教学,尤其是教师本身的英语授课因人而异。有时,教师语音、语调不准确、不规范,势必会给学生的听力提高造成障碍,而良好的听力软件,播放的语音纯正、地道,学生听来则是一种享受。

(二)信息技术与英语口语课程整合

随着对外开放的逐步加深,培养英语专业学生的表达能力显得越来越重要。而表达能力的培养,离不开环境。计算机和网络的发展,为学生提供更为广阔而真实的空间,主要体现在:首先,在人机对话方面,学生可以选取一种软件自主地训练自己的语音、语调和表达能力,可对着话筒模仿计算机中播放的内容,计算机可以对此进行反馈。其次,网上交谈方面,网上交谈的途径包括:一是通过国际互联网,学生可以和外国人交谈。

外籍教师有限，学生很少有机会与外国人直接沟通，通过国际互联网，学生可以和国外说英语的人直接交谈、沟通。二是通过国内互联网，学生可以和国内说英语的人交流。三是通过校内互联网，学生可以和教师、同学自由对话。学生可以在教师指导下，根据语言水平和爱好，选择不同的交谈内容和交谈对象，使教师变"授人以鱼"的教学方式为"授人以渔"，让学生主动参与学习活动，从而进行自主地探索学习。

(三)信息技术与英语阅读课程整合

阅读是英语教学的核心内容之一。如何有效地提高学生的阅读能力，是英语教学的关键所在。多媒体计算机及网络的应用，会使英语阅读教学跨上一个新的台阶。CAI，即计算机辅助教学，具有集成文字、图像、影像、声音及动画等多种信息的功能，愈来愈受到欢迎。多媒体技术的运用，可以使课堂教学容量相对增大，给学生提供更多的语言实践机会。

多媒体课件的形象生动，可以提高学生的英语阅读兴趣；利用多媒体网络进行英语阅读教学，是培养学生阅读能力的一条新途径；可以有效克服以往英语阅读教学中的问题，如阅读题材狭窄，内容陈旧，训练方法单一、呆板等问题，因为网络具有信息丰富、题材广泛且新颖、反馈及时等特点，因此可以提高学生的阅读兴趣，激发他们的求知欲望，从而有效提高学生的阅读能力。

选择网上阅读材料时，应遵循五个原则：一是拓展性，即从网上选取的材料是对教材内容的扩展、延伸，而不是简单地重复；二是时效性，即所选材料内容要新，有时代感或是关于热点问题；三是趣味性，即所选材料应符合学生特点，能够引起学生的兴趣；四是科学性，即所选材料要真实，能够如实反映客观实际，这一点需要特别注意；五是艺术性，即所选材料要难易适中，适合学生阅读水平，教师也可对文章可进行适当改编。

(四)信息技术与英语写作课程整合

传统的英语写作训练方法比较单调乏味，教师一般让学生就情景写作，或对课文改写，或写英文日记，这些做法都较为死板，而计算机和网络的应用，可使英语写作变得生动有趣，丰富多彩。首先，利用多媒体课件创设写作背景。教师可在屏幕上展示画面、关键词语，或者播放一段故事，让学生观其形，闻其声，然后有所感而写；可以设计有趣的练习，当学生掌握一定的词汇用法和句型及语法后，逐步进行写作训练。其次，教师可以利用网络优势，提高学生写作能力；组织带领学生一起通过网络搜集相关信息，让学生了解关于写作主题的信息，还可以要求学生挑选出一个最感兴趣的话题，写一段简短的作文，再将内容发送给老师或自己的好朋友，让学生增强学习英语的兴趣和自信心，提高写作水平。

信息技术为英语写作教学提供了丰富的素材和更有效的交流方式。在情境写作方面，多媒体电脑为书面表达中的情境创设提供了有力的支持，情境呈现—讨论交流—写作—评价是常用的教学流程。① 教师可利用多种软件，设计各种生动的情景。在互动写作方面，教师可以通过校园网，利用“故事接龙”的形式与学生进行交流，增加英语写作的趣味性，使教师与学生、学生与学生之间交流达到一个新的高度；通过网上论坛，就某一话题用英语展开讨论；利用信息技术，从网络上搜集相关资料，开辟交流区，内设英语论坛，以交互形式促进学生的英语交流。在自主写作方面，让学生从网络上获取阅读材料，阅读后根据自己的选择和思考进行“吸收＋创造”式的写作，使阅读能力、写作能力和信息素养得到共同提高，将阅读和写作有机地结合起来。

通过以上方式，让学生在参加教与学的活动中动手操作、开口说、主动思考，既提高学生的计算机操作能力，又促进学生英语听、说、读、写能力，达到信息技术和英语教学同步提高的双赢目的。

---

① 苏婷婷，董霞，靳慧敏.互联网背景下的大学英语教学创新研究[M].北京：中国书籍出版社，2023.

参考文献

[1]陈美茜.跨文化语境下的英语翻译研究[M].长春:吉林出版集团股份有限公司,2022.

[2]陈艳,贠楠,张倩倩.现代英语教学方法研究[M].广州:广东世界图书出版有限公司,2019.

[3]代艳莉.高校商务英语教学理论与实践探索[M].北京:北京工业大学出版社,2021.

[4]窦国宁.创客教育理念下的大学英语教学理论与实践[M].北京:企业管理出版社,2021.

[5]高琳.高校英语翻译教学理论与实践探究[M].长春:吉林出版集团股份有限公司,2020.

[6]何冰,汪涛.翻转课堂与英语教学[M].长春:吉林人民出版社,2019.

[7]侯莹莹.跨文化视域下英语翻译与教学研究[M].北京:中国纺织出版社,2022.

[8]黄莉.跨文化交流英语技能训练与读本分析[M].河北:燕山大学出版社,2023.

[9]霍芳.大学英语教学理论与实践研究[M].长春:吉林人民出版社,2020.

[10]贾芳,王禄芳,刘静.跨文化视域下的大学英语教学探究[M].长春:吉林人民出版社,2022.

[11]金鑫.高校英语公共教学与跨文化交际研究[M].北京:中国大地出版社,2022.

[12]孔宪遂.新时代商务英语教学理论与实践研究[M].长春:吉林出版集团股份有限公司,2021.

[13]蔺蕴洲,史雨红.大学英语文化教学理论阐释及创新视角研究[M].长春:吉林大学出版社,2020.

[14]刘和林,谢志辉.跨文化交际与文化鉴赏英语教程[M].长沙:湖南大学出版社,2022.

[15]刘惠玲,赵山,赵翊华.跨文化英语翻译的理论与实践应用研究[M].延吉:延边大学出版社,2022.

[16]刘玮.跨文化交际背景下中国传统文化英语翻译与传播研究[M].北京:中国书籍出版社,2023.

[17]刘永莉.基于自主学习的大学英语教学理论与改革研究[M].北京:中国书籍出版社,2021.

[18]路梅,宫昀.跨文化交际理论与英语教学模式研究[M].天津:天津科学技术出版社,2023.

[19]秦初阳,孙金凤,丽娜.跨文化视域下的高校英语教学理论体系重构探索[M].长春:吉林人民出版社,2021.

[20]申慧丽,刘鹏,杨洁.跨文化视域下高校英语教学转型与创新[M].北京:中国书籍出版社,2023.

[21]索成秀.英语思维以及跨文化沟通能力培养[M].长春:吉林大学出版社,2023.

[22]唐旻丽,崔国东,盛园.跨文化视角下的英语教学理论与方法探究[M].长春:吉林人民出版社,2020.

[23]王翠,朱凌奕,苑广滨.英语语言学理论与教学实践[M].长春:吉林人民出版社,2021.

[24]王景文.跨文化交际与高校英语教学研究[M].长春:吉林出版集团股份有限公司,2022.

[25]徐道平,王凤娇,赵卫红.互联网时代下高校英语教学研究[M].长春:吉林人民出版社,2019.

[26]薛金梅.文化全球化与高校英语跨文化教学[M].哈尔滨:北方文艺出版社,2022.

[27]杨公建.英语教学与第二语言学习[M].长春:吉林人民出版社,2019.

[28]张丽坤.跨文化交际视角下英语翻译研究与实践探索[M].延吉:延边大学出版社,2022.

[29]张献.大学英语教学理论及实践应用[M].武汉:中国地质大学出版社,2020.

[30]张鑫,张波,胡小燕.跨文化交际视阈下大学英语教学理论构建与创新路径[M].长春:吉林大学出版社,2020.

[31]赵常花.媒体融合视角下的大学英语教学理论与实践研究[M].北京:企业管理出版社,2020.

[32]赵红卫.大学英语教学模式与跨文化翻译研究[M].延吉:延边大学出版社,2022.

[33]赵晓峰.信息技术环境下的英语教学研究[M].天津:天津科学技术出版社,2019.

[34]周志刚.商务英语翻译与跨文化交际[M].北京:中国书籍出版社,2023.